裂变式增长

无裂变，不增长，一切为了增长

李青东◎著

当代中国出版社
Contemporary China Publishing House

2020年·北京

图书在版编目(CIP)数据

裂变式增长：无裂变，不增长，一切为了增长 / 李青东著. -- 北京：当代中国出版社，2020.12
　ISBN 978-7-5154-1033-3

　Ⅰ.①裂⋯ Ⅱ.①李⋯ Ⅲ.①企业发展—研究—中国 Ⅳ.①F279.23

中国版本图书馆CIP数据核字(2020)第228302号

出 版 人	曹宏举
策划支持	华夏智库・张　杰
责任编辑	陈　莎　周显亮
责任校对	康　莹
出版统筹	周海霞
封面设计	回归线视觉传达
出版发行	当代中国出版社
地　　址	北京市地安门西大街旌勇里8号
网　　址	http://www.ddzg.net　邮箱：ddzgcbs@sina.com
邮政编码	100009
编 辑 部	(010) 66572264　66572154　66572132　66572180
市 场 部	(010) 66572281　66572161　66572157　83221785
印　　刷	三河市长城印刷有限公司
开　　本	710毫米×1000毫米　1/16
印　　张	11.5印张　153千字
版　　次	2020年12月第1版
印　　次	2020年12月第1次印刷
定　　价	48.00元

版权所有，翻版必究；如有印装质量问题，请拨打(010)66572159转出版部。

自序

把企业从0做到100亿的商业逻辑

我创办格勤教育已有7年的时间。在这7年里，我和我的团队服务了上万家企业，同时我们的增长研究中心还研究了近些年市场上发展较快的企业的成长路径。例如：

拼多多：3年时间，用户从0到3亿。

百果园：2015年开始集中裂变，目前门店数量超过3000家。

……

这本书是我推出的爆品课程——裂变式增长的启蒙读物。读完本书，相信能对你的商业思维产生巨大的启迪，甚至是颠覆性的改变。

每天都有企业家向我咨询：为什么做企业越来越难？我的观点是：天下没有难做的生意，只有自我迭代速度太慢的老板。企业家自我迭代的速度决定了企业成长的速度。改革开放40多年，中小企业的发展基本上是摸着石头过河，其核心逻辑是：黑猫白猫，抓着老鼠就是好猫。在这种环境下，很多成功的企业家并不是靠太多的智慧取得成功，而是靠个人胆量和外部机遇，甚至是靠运气成功，我们将之称为机会驱动型或资源驱动型成功。

但经过40多年的发展，中国经济已经从过去的追求数量转变为今天的追求质量，由过去的野蛮生长进化到深耕细作。80%以上的高成本、重资产、低现金流的企业都将面临巨大的转型风险。当非理性、非市场化和运营的繁荣时代已经结束，企业家必须放下过去的成功经验，敢于突破自己，打破惯性，重新定义企业发展，重新制定企业增长目标，重新组建企业架构，重新构建企业扩张模式，由机会型成功进化到运营型成功，从资源驱动进化到战略驱动，由感性决策转变为数据驱动决策。

今天的企业家应该思考：

如何让产品自动营销？

如何让用户自主推荐？

在裂变式增长线下学习中，我分享过企业增长的八大秘诀。

如何找用户痛点？打造与众不同的产品，快速建立认知优势。

（1）如何构建起可以被重复消费的产品链？放大入口—增加利润—锁定客户。

（2）如何设计低成本、轻资产、类金融的商业模式？实现企业零风险、低成本裂变。

（3）如何改变企业架构？扩大空间，设计合伙人模式，让优秀人才看到希望，实现企业内部裂变，构建企业内循环。

（4）如何改变企业机制？设计薪酬、绩效、晋升三位一体的驱动机制，让优秀员工从为公司干转为为自己干。

（5）如何构建企业文化？让文化根植于心，经营员工的精神世界。

（6）如何构建起0—1、1—N、N—∞的价值成长体系？吸引客户主动购买。

（7）如何给客户换个身份？将其变成投资者、经营者、推广者，让客户自动裂变，实现底层裂变、层层裂变。

（8）如何构建起高、强、深的营销系统？让客户持续购买。

本书结合我执业15年的管理咨询经验、近3年在商业上的研发成果以及经营企业的一些心得和前沿的增长案例，深度解析企业增长背后的核心逻辑。希望看过本书的读者都可以实现企业裂变式增长。

目录

第一部分 增长逻辑

第一章 何谓裂变式增长
一、裂变 / 2
二、裂变式传播 / 3
三、用户带用户 / 6

第二章 产品口碑
一、聚焦法则 / 10
二、宽度 vs 深度 / 15
三、价值梳理 / 17

第三章 增长内核
一、低成本 / 19
二、单点突破 / 28
三、轻资产 / 37

第四章 内生式增长
一、超级分拆 / 42

二、师带徒裂变 / 43

三、病毒式增长 / 53

四、合伙人裂变 / 58

第五章 外延式增长

一、生命周期 / 61

二、超级用户 / 63

三、增长路径 / 75

四、病毒循环 / 79

五、用户裂变 / 82

第二部分 无裂变，不增长

第六章 裂变营销

一、裂变逻辑 / 92

二、裂变策略 / 98

三、裂变活动 / 105

第七章 建立用户的生命模型

一、用户生命周期 / 109

二、计算用户终身价值 / 115

三、打造超级用户 / 117

四、用户驱动 / 131

五、种子用户 / 135

第八章　人才裂变

　　一、人才生产线 / 139

　　二、分权经管 / 143

　　三、子公司裂变 / 148

　　四、门店裂变 / 152

　　五、事业部裂变 / 154

第九章　合作裂变

　　一、资源互换 / 159

　　二、加盟合作 / 161

　　三、业务外包 / 166

　　四、跨界合作 / 167

　　五、组织裂变 / 168

附录　裂变式增长线下课程 / 172

第一部分
增长逻辑

第一章 何谓裂变式增长

如今，面对全球经济增长低迷，已经有越来越多的企业把增长作为企业战略中的战略，很多500强的企业已经把首席营销官变成首席增长官。而我们发现，增长比较快的企业往往员工的敬业度比较高，当员工的敬业度高时，企业的绩效就比较好。

企业增长一般有以下三种状态：

（1）停滞状态：每年小于15%的增长。

（2）低增状态：每年30%以上的增长。

（3）高增长：每年50%以上的增长。

高速增长的企业是源自打通了增长逻辑，发现了增长机会，放大了空间，找到了增长点，从战略、人才和用户三个维度做了设计。裂变战略是企业增长的根基，人才裂变是企业增长的引擎，用户裂变是企业增长的机会。企业老板应将增长的思维植入全员，每年都要召开增长质询会，用数据驱动企业健康、可持续地增长。

一、裂变

顾名思义，所谓裂变就是先裂变，然后病毒式增长。

裂变式增长是源自企业制定了裂变战略后，一方面组织裂变，另一方面用户裂变。以用户裂变为例，具体如图1-1所示。

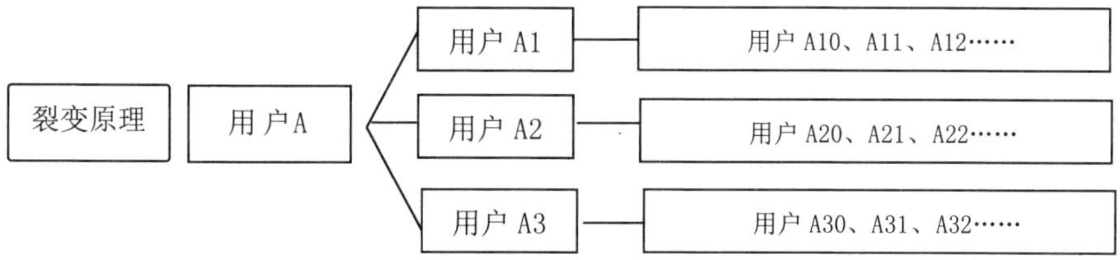

```
裂变原理 ── 用户A ─┬─ 用户A1 ── 用户A10、A11、A12……
                  ├─ 用户A2 ── 用户A20、A21、A22……
                  └─ 用户A3 ── 用户A30、A31、A32……
```

图1-1 裂变原理

二、裂变式传播

说到"裂变"这个概念，可能很多人都会立刻想到"核裂变"。具体原理就是：用中子轰击原子，产生一种链式反应，这个反应周而复始地发生，最终一个原子核会分裂成众多原子核。这种链式反应，发生在营销中，就叫裂变式传播。

1. 裂变式传播的原理

微信出现之前，人们在互联网进行交流，一般都是通过论坛、博客等单向或双向的沟通方式。随着需求的增多，人们发现这种沟通方式影响力非常有限，微信和微博等社交媒体的出现，给信息传播带来完全不同的变化。而这一变化正好切中了裂变式传播的原理。

（1）信息传播方式的改变。传统时代，只有组织或企业才有机会在媒体上发声，信息的传播路径是由品牌到广大消费者的单向传播，消费者之间是彼此孤立的。到了社交时代，信息传播成本几乎为零，每个人都是信息传播者，并彼此相连，信息的传递数值呈指数级增长，发出一条信息，就能传递给众多不认识的人。

（2）消费者关系链的变化。传统时代，每个人只能对自己身边的亲朋好友造成影响，影响力非常有限。而在社交时代，人们可以非常容易地跟有共同爱好或利益的人进行连接，形成一个庞大的虚拟的社交网络。由此，人们更愿意相信自己建立的这个网格内部流通的信息，也就是通常所说的"口碑传播"。

2. 裂变式传播逻辑

如图1-2所示是裂变式传播层级图。通过该图可以更方便地理解裂变式传播的逻辑。

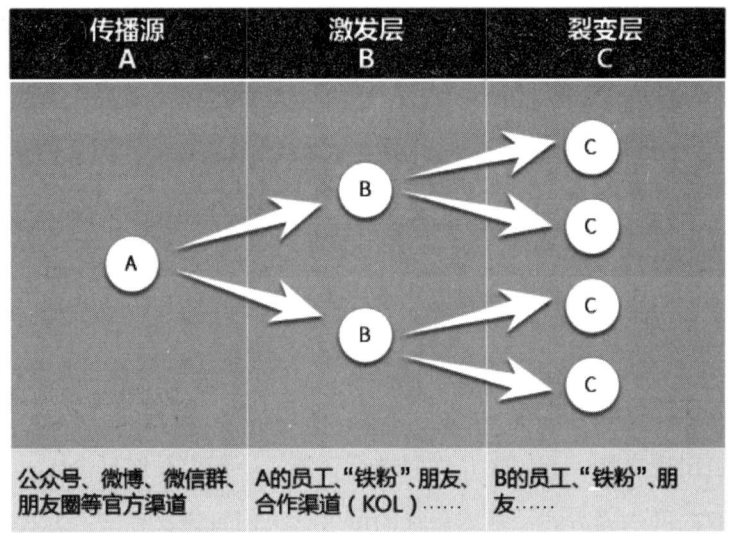

图1-2 裂变式传播层级图

传播路径为：A到B，B到C，C到D……

现在，多数的营销活动只达到第三层，经过员工、朋友、"铁粉"以及合作方的转发，并没有在各自的朋友圈形成再次分享，信息传播链中断。如果一个传播活动能够顺利走过裂变层，走到D、E、F……就可能取得指数增长的效果，达到裂变式传播。

走过的层级越多，裂变用户数量越大，裂变效果就越好。

3. 裂变式增长的前提

在传统营销中，多数方法都是直接粗暴的，甚至可以说很多方法都不太友好。比如邮件、短信、电话、微信等强势推广告给用户，"狂轰滥炸"

地做营销。如此做法只能伤害用户，无法引发有效率地传播。如何让用户自愿转发分享品牌的信息呢？关键是要找到用户转发信息的主要动机。

（1）利益诱导。即用一定的利益来诱导用户转发，比如，转发一定数量的信息送电饭锅，送相关资料，朋友购买有钱分等。可是利益诱导产生的忠诚度往往非常低，用户很可能领到利益就走了，所以还需要搭配让用户留存信息的内容。

（2）提供谈资。给用户提供其他人不知道的信息，让用户可以拿去当谈资，这样的内容也容易被转发。比如，"别再问我上海哪里好玩了！这儿全了……""今天，邯郸又发生了一件大事……"再比如，帮用户说出他们想说的话，会引来用户转发。例如，目标群体是职员，就可以发这样的信息内容："70%的优秀员工都是被平庸的中层管理者'逼'走的。""研究发现：过度加班反而不利于工作效率的提高。"……

（3）帮助别人。多数人都喜欢帮助别人，更何况只是转发信息这种举手之劳的事情呢？因此，可以转发各种"实习招聘信息"，帮助朋友圈的人找工作。

（4）塑造形象。每个人都渴望在朋友圈塑造并强化自己的形象，所以只要提供的信息能够强化自己心目中的形象，他们就会积极地转发这种信息。

（5）社会比较。如果提供的信息能帮助用户有效并一目了然地做出比较，人们就会倾向于转发该信息。例如，某某游戏，玩了之后，告诉你打败了94%的小伙伴，你的排名是多少……

三、用户带用户

1. 裂变式传播的公式

裂变式传播计算公式如下：

$$Custs(t) = Custs(0) \times \frac{K^{(t/ct+1)} - 1}{K - 1}$$

这个公式也叫作病毒传播公式，其中各字符代表的意思为：

$Custs(t)$ 是过了一个时间周期后，增加的新用户人数。

$Custs(0)$ 是种子用户数量。

t 则是周期，可以选择天、月等。

ct 是传播周期，是指种子用户在一轮传播周期结束后，失去了再邀请新用户能力的时间周期。

K 因子是一个用户可以成功推荐的新用户数量。

确定 t 周期后，通过大数据统计，就可以计算出 K 值和 ct 值。

具体怎么计算不在这里说，但要重点关注一个关键指标，即 K 值，每个用户可以带来多少个新用户。

如果 $K=1$，就说明 1 个用户带来 1 个新用户，还是有所增长的，只不过增长速度比较缓慢；当 K 因子 <1 的时候，系统是没有传播性的，一段时间后，新增用户人数就会变成 0，系统就会完全停止增长；只有在 $K>1$ 的情况下，才能实现用户数量的快速增长。也就是说，只有 1 个用户能带来 1 个以上的新用户时，裂变系统才能成立。

2. 获取用户：常见的裂变方式

如今，获取流量的成本越来越高，各企业都在寻找低成本获取流量的方法，其中最有效的方式之一就是裂变。学会巧妙地利用裂变的力量，快速实现一分二、二分四的传播效果，就能源源不断地获取新的流量。那么，裂变都有哪些方式呢？

（1）助力裂变。助力裂变就是利用好友来帮助自己获取利益。具体方式是：通过分享好友，让好友通过一定的操作方法，得到收益。比如拼多多的砍价活动，用户挑选某个商品后，分享在社交圈，好友通过帮助砍价，用户就能以较低的价格获取高性价比的商品。这种裂变方式的关键在于，设置好助力人数、商品或服务价格，用户可以达到的目标值，让用户觉得可预期。

（2）拼团裂变。所谓拼团裂变就是两个及两个以上的人一起拼团。方法是：一个用户发起拼团邀请，通过社交的方式分享给好友，好友参与拼团，一起以低于单品价购买某种商品或服务，邀请者和受邀者都可以获取拼团价。在拼团裂变中表现得最好的就是拼多多，该电商平台只用了短短几年时间，就做到了坐拥几亿用户，简直就是一大奇迹。

（3）邀请裂变。即利用老用户的资源快速地获取新用户。具体方法是：使用一定的奖励机制，吸引老用户拉新用户，在给予新用户奖励的同时，也给予老用户奖励，邀请者和受邀者都能获利。做得比较好的当属中国移动，比如老用户邀请新用户下载客户端，新老用户都可以获取一定的免费流量，从而实现获得大量新增用户的结果。

（4）口碑裂变。用户在体验或使用某种产品后，如果觉得该产品不错，体验效果好，用户就会产生推荐亲朋好友使用的想法，继而在用户的社交圈形成口碑。这种传播方式几乎是零成本，但前提是产品足够好，足够吸引用户。

（5）分享裂变。分享裂变的方式比较简单，即分享后就可获取产品或服务。比较常见的方式是社群裂变，具体方法是：在社群使用一定的福利激励用户自发分享，让更多的人知道，然后再分享，实现裂变。

关于裂变式增长的火爆场景，有这样一些数据：

网易戏精刷屏课程上线12小时，就有13万人报名付费。

拼多多，在爸妈圈、家长群疯狂被刷屏，很多产品都开始模仿拼多多的商业模式。

礼物说，3天一共卖出了20万件商品。

思考一下：为什么别人愿意转发？为什么该模式被越来越多地利用？它背后的商业逻辑是什么？如何复制或模仿这种模式让自己的产品取胜？

随着互联网获客成本越来越高，如何实现用户的低成本快速增长，是关乎企业生死的问题。

从本质上来说，互联网产品的竞争就是争夺用户的竞争。在同类产品中，只有将用户做好，才能走得更远。

例如，在新媒体圈里有这样几则典型案例：

有书。采用社群裂变方式，有书的整个业务模式都发生了巨变，在不到一年的时间里，做到拥有700万"粉丝"。

新世相营销课程。采用"每万人报名涨价5元"的方式，最后共10多万人参与。

从以上数据可以看到，社交平台的兴起，让更多的人逐渐从传统的流量购买思维向社交思维、用户思维、裂变思维转换，以更低成本、更高效的方式获取用户。

可是，知道了这么多裂变营销的方式，很多人还是搞不懂裂变营销。

因为除了APP裂变、微信裂变、线下裂变之外，在裂变营销的逻辑中，还有三个促使裂变成功的因素，只要好好吃透这三要素，就会事半功倍。

（1）种子用户的选择。种子用户不是产品的初始用户。种子用户应该选择那些影响力大、活跃度高的忠实用户。种子用户很少，怎么办？在这种情况下，少而精并不是一件坏事，因为质量比数量更重要。所以，在选择种子用户时，一定要找符合以下特征的：活跃度高、能带来影响力的用户；质量高于数量；种子用户需要反馈产品建议。

（2）裂变诱饵的投放。裂变诱饵是什么？通俗点说就是福利和补贴，但又不完全是福利和补贴，交互设计、创意玩法等也可以是裂变诱饵。但是，裂变诱饵除了福利和补贴之外，能否带来大流量的裂变并不确定。其实，企业主要将投放广告的钱回馈给用户（分批次），让用户养成"薅羊毛"（领取福利）的习惯，就能促成裂变的高流量及高转化。

（3）分享趣味的满足。除了上面的方法，还可以使用裂变本身的趣味性来刺激裂变的发酵。这种趣味性可以是为用户和其朋友提供的谈资，也可以是为个体提供展现形象的平台，让微小个体发声。

第二章　产品口碑

所谓增长，并不是单纯的"获客"，还包括后续环节的激活和留存，"点头之交"的用户根本无法促进企业的发展，只能降低产品口碑。那么，怎么才能打造产品的良好口碑，建立起良性用户生态系统呢？

一、聚焦法则

一家卖糖水的公司，一卖就卖了100多年，成为世界500强，没有竞争对手能够轻易模仿。

一家卖手机的公司，一年只推出2—3种机型，但是一经发布，立刻就引发全球抢购，夸张的营销或过度的推广根本毫无必要。

一家做搜索的公司，在简单的搜索框上不做修饰，专注于提升搜索的质量与效果，最终成为全球数十亿人日常必备的工具。

……

这些企业无一不是在专注做一件事，聚焦一个产品。无论可口可乐、苹果还是谷歌，它们成为世界级的大企业并非偶然，但也不会有什么高深的秘密，无非就是比其他企业更专注、更聚焦。

（1）任何公司都应该有核心价值和竞争力。从消费者认知角度来分析，在一个粗放市场，产品聚焦能让消费者对品牌背后的价值认知更清晰，说起某个品牌，他们立刻就能准确地说出招牌产品是什么，独特价值是什么，从而降低消费者的决策成本。

在信息大爆炸的时代，产品聚焦能让品牌在消费者头脑中形成更清晰的记忆点，当消费者产生相关需求的时候，脑子里首先想到的是你的品牌。这就比竞争对手更早地占据优先权，极大地提升获客率，让企业有限的资源更聚焦，从而形成合力。

总而言之，产品聚焦的本质，就是品牌在消费者头脑里下一个"钩子"。这个"钩子"最后是以一句广告语或一组认知的方式呈现，当陌生消费者看到这句广告语的时候，愿意给你一次机会尝试。其底层逻辑就是，品牌对外表达的价值认知是从粗放到精细的一个过程，方法就是从消费者的认知端切入，先找这个"钩子"，再倒逼企业以该"钩子"为原点，实现价值重构。

（2）为什么要聚焦产品？每个企业都想要拳头产品、王牌产品，但是这种产品怎么做出来？"雨露均沾"肯定不行，最需要的就是聚焦。在解放战争时期，人民军队"集中优势兵力，各个歼灭敌人"是战胜国民党军队的主要方法。这种战法的效果是：一能全歼，二能速决。但实行这种战法，必须在战略部署方面集中绝对优势的兵力，即集中6倍、5倍、4倍，至少也要3倍于敌人的兵力。在敌方进攻我方防御地位时，选择敌方较弱的一路（一部），分割包围，各个歼击，得手后，依情况，再逐次歼击他路（他部）之敌。集中优势兵力攻其一隅，才能取得全面胜利。

（3）什么是爆品？爆品就是或在同行业中位列第一，或在某一时间阶段位列同类产品第一，或被客户大肆抢购的、让客户尖叫到爆的产品。想做到爆品，让客户尖叫，就要采取聚焦策略，需要投入全线资源。以餐饮业为例，不管剁椒鱼头，还是辣椒炒肉，做出来的产品都要同比其他竞争对手能让消费者得到更好的价值感知。如果聚焦之后做出来的产品还不如隔壁家好，那就是空中楼阁。所以，产品聚焦的背后是资源压倒性投入。

拳头产品就是同类产品中的佼佼者，也是实现企业增长的核心动力。

企业要不要打造拳头产品？这里我们先不直接回答这个问题，来看一下两个经典案例。

索尼爱立信公司是2001年日本索尼公司和瑞典爱立信公司成立的合资企业，在成立之初18个月内一直处于亏损状态，直到拳头产品T618的出现。凭借这款手机，索尼爱立信一举扭转了公司长期亏损的颓势。T618是索尼爱立信公司历史上最为关键的产品之一，对于该公司有着起死回生的意义。因此，把它比作索尼爱立信公司的救命稻草一点儿也不为过。

同样的故事发生在英国罗伊斯·罗尔斯公司身上。

英国的罗伊斯·罗尔斯公司（罗罗公司）不仅是世界顶级豪华汽车品牌，也是与美国GE和惠普公司齐名的世界著名的三大发动机制造商之一。长期以来，罗罗公司生产的航空发动机市场份额很小，然而，20世纪80年代，该公司通过技术创新，研制出拳头产品RB211系列，凭借这个产品迅速扩大了市场覆盖率和占有率，取得了商业上的巨大成功。

这些发生在世界各地的企业故事，无不形象地告诉我们，企业要想扭转颓势，取得市场竞争的胜利，就要不遗余力地打造拳头产品。

拳头产品是保证营销成功的最伟大的力量。那么，怎么打造拳头产品呢？下面，我们就结合几个例子来说明。

（1）娃哈哈营养快线：打造新品类。2003年营养快线研发成功，2004年正式上市，到2011年娃哈哈营养快线从早餐市场金矿中疯狂挖出150亿元人民币，成为销量最大的饮料单品之一。娃哈哈是怎样打造出营养快线这一拳头产品的呢？

娃哈哈营养快线的成功，出色的定位是关键。在营养快线面世之前，市场上售卖的饮料主要有碳酸饮料、果汁饮品、矿泉水、功能性饮料以及牛奶等。而娃哈哈营养快线开创出"果汁+牛奶"这一全新的果乳混合饮料品类。

娃哈哈营养快线是牛奶和果汁的混合体，先天有着双重优点，"比果汁营养，比牛奶好喝"。买到娃哈哈营养快线，不仅能享受到果汁丰富的维生素营养，也能获取牛奶丰富的蛋白质养分。因为娃哈哈营养快线针对早餐饮料的特性，参考中国营养学会制定的中国居民膳食营养推荐摄入量标准（DRIs），添加了15种营养素，使消费者的营养均衡摄入，保证了健康营养。这是娃哈哈营养快线成为拳头产品的关键之一。

娃哈哈为什么能够有效开创出"果汁+牛奶"的营养快线呢？说到底，还是对目标消费人群的准确洞察。娃哈哈通过大量的市场调研发现，白领一族以及家庭成员一般都来不及吃早饭，甚至懒得做早饭。这不仅影响他们上午的工作效率，从长远来看，也不利于他们的身体健康。这个目标消费人群非常庞大，娃哈哈准确地把握了这个潜在需求，开发出兼具"果汁"和"牛奶"特性的早餐饮料，满足了这部分目标消费人群的需求。由此看来，娃哈哈营养快线成为拳头产品不是偶然的，主要还在于充分挖掘目标消费人群的潜在需求。

当然，成为拳头产品，仅有好的产品还远远不够，能不能最方便地到达目标消费人群的手里，消费者对品牌的认可度和好感度到底如何，同样非常重要。因此，成为拳头产品，渠道开拓和品牌建设非常关键。娃哈哈拥有遍布全国城乡、无可匹敌的强势销售网络，能够利用现成的、发达的销售网络接触到终端消费者。

在品牌传播和推广上，娃哈哈营养快线整合线上和线下资源，采用线上广告和线下终端相结合的方式，不断整合营销。同时，为了让消费者放心，感受品牌的强大，娃哈哈还在最具权威的CCTV投放了广告。在广告创意上，娃哈哈营养快线从目标消费人群出发，提出了"早上喝一瓶，精神一上午"的广告宣传口号,朗朗上口,表达准确,利于传播。

当然,娃哈哈营养快线能够成为拳头产品,还在于对产品的不断创新。他们不满足现状,秉持"不够好,还可以更好"的思想,持续对产品创新,进入受众心里。

(2)美即面膜:既有品种的定位和创新。美即面膜问世之前,市场上已经有很多面膜产品,美即面膜重新对面膜进行了定位。2005年,美即面膜的创始人佘雨原发现面膜的使用习惯正在发生着变化,消费者使用面膜的频次正在不断增加,面膜开始从高端奢侈化妆品向大众消费品转变;随着人们收入水平的提高以及天生对美的追求,面膜消费人群也在不断成长壮大;人们的生活和工作节奏越来越快,压力越来越大,休闲文化产业开始兴起,而面膜的使用过程给了消费者一个独特的时间和空间,让消费者能够获得短暂的放松。

美即面膜抓住契机,将面膜清晰地定位于大众快消品领域的休闲美容新品类。对现有面膜重新再定位,赋予它新的意义,即在既有品种的基础上做创新,这是美即面膜成功的关键。

在价格上,美即面膜打破常规,走优质优价的路线。一般面膜都是以单片来销售,且价格也比较贵。美即面膜以盒来销售,每盒5片,产品价格也调整至50—80元/盒,单价为10—16元,激发了市场需求,扩大了用户范围,提高了用户数量。

在渠道拓展上,主攻屈臣氏的渠道,同时围绕快消品对空间便利性的要求,开发多种终端渠道。

在品牌推广上,围绕着休闲体验性质的定位,重视与消费者进行心理沟通,大打情感牌,倡导一种生活理念或生活方式。美即的广告片呼吁女性在冗繁的生活中,要"停下来,享受美丽"。

当然,美即面膜能够成为拳头产品,还基于它在面膜单品上的精耕细作。美即注重研发，致力于满足消费者对产品功能的需求。

二、宽度vs深度

在裂变式增长线下的课堂中，我们谈到一个观点：宽度是成本，深度是利润。在竞争日益激烈的市场条件下，企业间的市场争夺，除了质量，还有价格，而价格更多的是随着市场供需波动，这就使得利润更加透明、更加微薄。因此，企业就要在保证质量的前提下，全面降低成本。要做深度，而不是宽度。

公司成本，大概可以分为产品成本（广义，含材料、人工、设备等）、物流成本、库存成本、质量成本、资金成本、销售成本、其他成本等。要想降低成本，需要站在公司战略决策层面去全面考虑，不能仅仅从单一方面衡量，毕竟不同类型的成本会相互影响。

产品的成本，包括设计研发成本、模具设备成本、材料成本、人工及生产成本、厂房等固定设施成本等。

1. 设计研发成本

设计研发成本与公司研发技术人员的素质及销售端提供的信息有着密切关系。全面准确的客户端需求信息可以给研发技术人员提供准确的设计方向，而设计人员的全面考量，在有限的选择中锁定更多的标准化工序、通用标准、共用材料，则能以此影响到其他环节，从而降低整体成本。

2. 模具设备成本

产品的设计会直接决定设备选择，工艺及工序的确定则会影响到治具及相关配套。设计时，如果能锁定更多不同类型产品的标准化工序，就可以减少相应的设备治具种类，增加其使用效率，减少采购成本。

3. 材料成本

材料成本包括材料价格成本、材料运输及相关费用（部分可纳入材料价格成本中）、库存管理成本、资金占用成本、呆料成本等。在研发设计环节有更多的共用材料，就可以通过减少物料备货种类，扩大单一物料的需求数量，进而减少单一物料价格采购成本、库存成本等。

4. 人工及生产成本

人工及生产成本更多地取决于工序的设定及设备的匹配情况。其中工艺工序主要是设计及技术问题，在此不做过多阐述。这里想要着重说明的是影响生产成本的最主要因素——产品合格率，即有效产出。要想提高产品合格率，就要生产与技术协助，找出真正的问题工序及"瓶颈"工序。

5. 无形成本

在实际作业中，还有一项很重要的无形成本，就是浪费和企业内耗。

在实际作业中，比如退货后的不可再次利用及超年限的报废等。当然，其中还涉及产品的质量保证问题。但是在目前很多操作上，更多的是规避责任问题。而企业内耗，最为突出的现象是流程的烦琐、重复和拖沓。

在成本降低中，不仅要关注各个环节的连同降本，还要根据80/20原则，对关键环节、主要问题进行降本分析；不仅要关注各部门降本，更要通过关键问题点分析，以关键部门为中心，协同其他部门一起降本。

产品成本的构成因素有很多，当企业的产品线变长时，各个环节的成本都在增加。2017年，有一位勤商会学员参加运营系统班的学习，听完了我讲的产品5力分析模型后，他发现他的利润比较低，就是源自产品线太长。后来，他大胆调整，把3000个产品砍掉1600个，剩下1400个，不到1/2，2018年销售收入增加了一倍！所以经营企业不是要追求产品的宽度，而是要追求产品的深度。

三、价值梳理

产品价值是由产品的功能、特性、品质、品种与式样等所产生的价值,既是客户需要的中心内容,也是客户选购产品的首要因素。因而在一般情况下,它是决定客户购买总价值大小的关键和主要因素。

产品价值是由客户需要决定的!可以试想:同一种产品,市场上有无数的商家在卖,客户凭什么选择你的?必须给客户提供他选择在你这里购买的理由。所以,这时就需要对产品进行价值的塑造,让产品在客户眼中看起来有所不同。

1. 列出产品对客户的好处

客户购买的其实不是你的产品,而是购买产品能够带给他们的好处。切记:客户是为了好处而来购买你的产品的。所以,必须用文字的形式,列出你的产品能够给客户带来什么好处;同时,描述既要专业,也要充满感性,能够对客户心理形成一种诱惑。

2. 列出产品的优势所在

要列出 1—5 个产品优势,这种优势是竞争对手所不具备的。有的人可能会说,我的产品还不成熟,好像没什么显著的优势。其实,只要开动脑筋认真思考,就一定能找出自己产品的优势,即使只有一点点。重要的不是产品是否成熟,而是你是否善于思考,能否梳理出产品的独特价值。即什么是我能做到而别人做不到的,什么是我有而别人没有的。

3. 激发客户对产品的购买欲

对客户来说,有两种不同的产品:一种是客户事先就知道的,另一种是客户事先不知道的。对于客户事先就知道的产品,他们内心一般都有着一定的渴望度;对于客户事先不知道的产品,就必须让客户立刻充满想要拥有的渴望。

不管是哪种产品，都要想方设法在客户见到产品时激发出客户的购买欲望。

4. 解决客户所有疑问

客户在购买你的产品之前，一定会有很多疑问，要尽可能地事先把客户疑问都列出来，一个个予以解答。你的解答一定要站在客户的角度，让客户认为你确实是在为他们解决问题。要把这些解答都写在网站（网店）上，让客户能够立刻看到。

对客户提出的一些不可能满足的要求，也要如实回答，不能为了眼前利益而做虚假承诺。客户怕的不是你的产品不好，而是你的承诺无法兑现。

5. 写一个可以广泛传播的故事

在产品同质化的市场里，如何才能打造产品品牌，让客户牢牢记住你的产品品牌，以及让你的产品在客户群中形成良好的口碑呢？最简单的一招就是：给产品撰写一个可以广泛传播的故事。要记住一个重要思路：任何一款好的产品，都需要一个好故事去传播，因为产品是"硬"的，故事是"软"的。所以，一定不要去卖你的"硬"产品，而要去卖"软"故事。

举个简单的例子：前几年《喜羊羊与灰太狼》系列动画片深受小朋友们的喜爱，于是衍生出很多喜羊羊玩具，吸引小朋友们嚷着父母去购买。其实购买的不是玩具本身，而是喜羊羊的故事。记住：通常客户在面对选择购买谁的产品的时候，更愿意去网站设计故事写得好的商家那里去购买。

第三章 增长内核

无论是要增长，还是要裂变，都必须找到内核。尤其是想快速裂变，必须符合以下三个逻辑：

一、低成本

只有低成本，才能有高利润，也只有低成本，才能发生快速裂变。

1. 春秋航空：中国第一家民营航空公司，把低成本管理发挥到极致

2004年，将近60岁的王正华进军航空业，成立我国第一家民航公司。眼光独到的王正华在成立公司之前做了大量的研究，发现当时国内还没有一家廉价航空公司，他就想依托春秋旅行社强大的资源，办一家廉价航空公司，让老百姓都能坐得起飞机。效仿美国西南航空，春秋航空在国内的本土化低成本控制大获成功。2015年，王正华曾公开表示，只要政府支持，就贩售飞机站票。虽然这一愿望并未实现，但他和公司还是通过其他方法来实现了低成本管理。

春秋航空的低成本模式概括起来就是四个维度："两高"、"两低"、"两单"加低票价。

（1）"两高"。"两高"就是高客座率和高飞机日利用率。一般来说，客座率超过60%，航空公司才能盈利。国内航空公司正常客座率为80%左右,而春秋航空公司平均客座率居然达到了95%。所谓飞机日利用率就是飞机每天总共的飞行时数,是衡量航空公司运营水平的重要指标。国内大多数航空公司飞机日利用率为9.26小时,春秋航空公司却可以达到10—12小时。这就使得春秋航空飞机有较高的周转率,可最大程度地摊薄单位固定成本。

(2)"两低"。"两低"就是低营销费用和低管理费用。建立自己的售票、离港系统,一年就省下上亿元的开销。通过网络订购电子票,省去开票送票的人工费,也使公司的销售成本比一般航空公司要低。春秋航空公司对管理制度进行改革,缩减管理费用。比如制定节油奖励制度,与飞行员绩效挂钩,最后燃油费用一年节省几千万元;另外,机舱都是由空姐亲自打扫,公司的复印纸都必须两面使用,等等,这些举措都在无形之中节省了不必要的开销。

(3)"两单"。"两单"就是单一机型和单一仓位模式。春秋航空公司坚持A320机型和180座的布局,最大化了飞机的可供座位数,降低了飞机日常采购及维修成本,使整体运营成本下降20%。

(4)低票价。"1元机票""199元机票""299元机票",就是这样的销售策略,一次次冲击着中国民航业,打动了千万普通民众的心——让我们也在天上飞!大胆地以低成本运营的方式拓展了廉价航空业务。

与行业平均水平相比,春秋航空的主营业务成本低62%,管理成本低50%,财务成本低60%,营销成本也比行业平均水平少78%,可谓是把低成本做到了极致。而从春秋航空的杜邦分析体系来看,比较国内其他航空企业,春秋航空仍然具有较大的优势。

2. 雷军谈低成本运营

雷军总结了5个低成本运营的办法。

(1)建立全员成本意识,领导者要以身作则。主要体现在以下3个方面：

①成本意识要从公司创建开始建立。在互联网泡沫时期，资金成本比较低，创业公司融资比较容易，有些创业者就开始"豪华型"创业。

这类创业者没有过苦日子的经历，以为未来会一帆风顺，开始大把烧钱，租用奢侈的办公室，举办铺张的会议，乱砸市场费用，等等。一旦遇到困难，或者市场环境发生剧烈变化，这类公司很容易就倒闭了。所以，如果创业者平时没有养成成本意识，等到真正遇到问题的时候再去建立是非常困难的，由奢入俭非常难。

②成本意识只有从老板开始，才有可能贯彻全员。雷军谈道：如果老板不以身作则，不反复强调，不建立成本控制体系，整个公司成本管理一定非常混乱，这样的公司也不容易成功。比如李嘉诚，一块普通的手表一戴就是20多年。他说：李嘉诚的公司成本控制一定会非常出色。再比如联想，柳传志认为联想的成功在于"把毛巾拧干"，这就是说联想的成本控制也做得非常出色。

③省钱就是赚钱，省1块钱就是赚3块钱。遇到现金短缺的时候，所有管理者的方案都是增收节流。雷军非常赞同增收和节流两手都要抓，但增收谈何容易。市场竞争如此激烈，短期见效的可能性不是太大。而节流则相对容易办到，只要自己努力，强化管理控制，成本是很容易降下来的。

作为老板，你可以告诉所有同事：省钱就是赚钱，每省1块钱至少相当于赚3块钱。原因很简单，一般企业赚来的钱需要支付销售成本、生产成本等，还需要缴销售税等，这样下来，能剩下1/3就非常不错了。

（2）在成本管理上严格把控。控制成本实施的要领是：该花的钱一定要花，不该花的钱一分钱都不能花。省钱不是不花钱，不花钱可能造成更大的浪费，所以该花的钱一定要花，这是不能打折的事情。比如，办公室可以租用便宜的，但不意味着办公室非常拥挤混乱。如果办公室非常不舒服，员工的工作就没有效率，这是更大的浪费。不该花的钱一分钱不能花，要从每件小事做起。很多创业者觉得一起创业的员工很辛苦，在报销电话费、出租车费和招待费等方面非常大方，甚至基本不管。这些钱一开始的确不多，但这种风气一旦养成很难改善。人一多，再遇到个别不自觉的人，这几项成本就是相当大的开销了。其实，回报员工的方式很多，比如，给予更好的报酬或者更多的股票等，但不应该在成本管理上放松。

（3）把费用分成固定费用和变动费用两类。企业的费用大致分两类，一类是固定费用，每月都必须支付的，比如人员费用、房租、水电费用、办公设备等；另外一类是变动费用，比如差旅费、电话费、招待费、市场费用等。固定费用非常可怕，这些费用一旦开始花，每个月都必须花，很难终止。还有，一旦形成习惯，一般很难取消。所以，一定要高度重视固定成本，比如租用新的办公室、随意增加员工等。如何控制呢？每年、每季度预算会的重点就是对固定费用的分析。变动费用每项看上去并不多，一个月总数似乎也不大，但累积起来总数并不小。比如，对于一两百人的公司来说，每个月多3万电话费，看起来并不多，但一年就是36万。还有很难管理的打车费、招待费等，这些成本都可以是每月财务分析会上的重点。这样分类的好处在于，企业必须花的钱相对可控。一旦遇到危机，先停掉所有变动费用，然后分析固定成本，逐项制订计划削减，进而整个成本就一步一步控制下来了。

（4）严管应收款和库存两个基本点。小企业的头等大事是关心现金存量可以发几个月的工资；大企业账上的现金比较多，首要关心的是现金流。如果当月赚钱但是现金流是负的，一定要认真核查，如果有问题，要及早解决。差距一般在应收、库存、固定资产采购上。固定资产采购一定要慎重，所以，管理现金流就是管理应收款和库存问题。有位企业管理者曾说，应付款是一定要付的，应收款是一定收不回来的。所以，公司一定要严格管理应收款，修改销售政策，尽量现款销售，甚至可以成立专门小组负责催收应收款，以此来控制应收款的增长。此外，还要注意库存管理，所有业务主管要定期到库房现场办公，解决库存相关问题，加大库存处理的力度和速度，保持库存的周转效率。

（5）省钱有技巧，要靠群策群力。智冠老总王俊博年过半百，是台湾游戏业泰斗级的人物，雷军曾向他请教成本控制的问题。王俊博说很简单，比如请客，要让客人满意还要控制成本，怎么办？"在最贵的地方点最便宜的菜，在便宜的地方点最贵的菜。"一句话把在控制成本的同时还要做好事情的精髓说了出来。

这方面，雷军给了创业者两大忠告：

第一，对于现金流充沛的企业，在市场环境不好的情况下要大胆。别人恐惧的时候，各种运作成本都很低，比如市场费用、员工的雇佣成本等，要大胆扩张，可以用较低成本建立较高的竞争"门槛"。

第二，对于现金严重不足的企业，要严格控制成本。认真检查固定成本，每项固定成本都要问一下是否可以节约，如每月支出的办公室费用、人员工资等；变动成本尽量取消。还有，尽量只做6个月以内能产生收益的项目。活下去才是硬道理，这就是创业的生存法则。

3.好未来的低成本裂变

好未来集团（学而思是其前身）2018年7月26号发布FY2019Q1财报（2018年3月1日至5月31日，FY为财年，Q1为一季度，下同）。报告显示，公司实现净收入5.51亿美元，同比增长71.1%，归母净利润6680万美元，同比增长132.0%。FY2019Q1延续爆发增势，营收净利率保持超高速增长，递延收入增速放缓。

（1）收入方面。FY2019Q1公司实现净收入5.51亿美元，同比增长71.1%，实现超预期增长（此前FY2019Q1指引营收增速58%—60%），主要系线下产能利用率加速提升以及线上业务持续爆发带动线上线下招生高速增长。本季度总招生人数197.70万人（+86.68%），其中线上业务学而思网校招生45.47万人（+144.7%）。

（2）成本费用方面。销售费用率为17.16%（+3.66%），主要系本季度公司业务扩张，尤其是线上业务大力推广所致；管理费用率为22.73%（-2.32%），主要系前期的教学产品和直播系统的研发形成的固定成本边际递减以及内部的管理效率提升。

（3）毛利率扭转下滑趋势，攀升至52.59%（+5.27%），净利率达到12.13%（+3.19%），主要系公司FY2018线上业务模式基本跑通以及线下网点利用率提升。

（4）2019Q1公司递延收入为13.20亿美元，同比增长39.11%，同比增速自2016Q4以来首次低于50%，低于此前市场预期。

线上持续爆发迈入高速增长期，线下扩张维持低速，加码精细化运营。

（1）线上业务持续爆发，业绩亮眼，商业模式得到进一步验证，迈入超高速增长期。FY2019Q1公司在线业务收入约4955.84万美元，同比大增212.8%，占营收比重提升至9.0%（+4.1%）；学而思网校一季度招生45.47万人，同比增幅高达144.7%，线上招生人数占比相比2018年同期上升5.0%，达23.0%，流量转存量进一步兑现，商业模式得到进一步验证。

（2）线下新增网点产能维持低速扩张状态，促进精细化运营，进一步提高利用率。FY2019Q1新增教学点36个，Q2仅新增教学点5-10个，而FY2017H1-2018H1半年度新增教学点分别为59个与68个，FY2019线下网点的产能扩张速度则延续了 FY2018Q2 以来的低速扩张状态。另一方面，FY2017-2018 新增教学中心经过 1-2 年的培育期，快速提升了利用率，运营更加成熟，财务模型进一步优化，加快了新城市的进入速度，让优质教师产能得到有效释放，助力 FY2019Q1 线下招生人数增加 80.7%，FY2019 年的教室利用率多半都维持在高位。

4. 低成本的核心逻辑：简单为王

"简单为王"的两个巨大好处：一是它能够为企业与市场带来高速增长；二是能保持高收益，降低生产成本，保持适当的价格。比如，福特公司具有革命性创新意义的就是推出了 T 型车。麦当劳的首句箴言是 KISS，意思是：简单的、傻瓜式的工作流程（keep it simple, stupid）。乔布斯描述他的经营策略："我们公司的运营方式、产品设计、广告，最终归结为：把它们变得简单，真正的简单。通过减少按钮来使产品变得更简单，减少功能来使软件变得更简单，减少选项来使界面变得更简单。"

对于做生意而言，平凡之道绝非最佳之道。作为一名小有成就的实业家，45 岁的亨利·福特勇敢地作出了重大决策，他决定使汽车大众化，使世界为之震惊。这一决策不仅为他创造了巨大财富，也让他成为 20 世纪杰出的缔造者和世界上最著名、最具影响力的人物之一。

福特在他的个人传记中回忆了这一转折点："我试图强调的是，对于做生意而言，平凡之道绝非最佳之道。这个转折点，是我完全抛弃平凡之道的开始。公司的非凡成就，正是始于此处。我们始终谨遵行业惯例。

"我的汽车比别人的都要来得简单，我们不用担心外部资金。但除了这两点之外，我们和其他汽车公司并没有什么本质上的不同。

"我将制造一种面向大众的汽车。大小足够家庭使用，同时个人也能够驾驶和养护它。它将按照现代工艺所能做到的最简洁的设计，由最好的雇员以最好的材料来制造。但它的价格又是如此低廉，所有拥有得体收入的人都能负担得起，可以与他的家庭在上帝赋予的广阔空间共享愉悦幸福的时光。"

他对这两种车型进行了简化，并大幅削减了价格："惊人的是，我最便宜的车是 600 美元，最贵的车也仅仅只需 750 美元，正是如此，我们恰恰完全看到了价格到底意味着什么。我们卖出了 8423 辆车，是我们之前最好年销量的 5 倍之多。

"1909 年我在一个早晨毫无预兆地宣布，在未来我们将只制造一种汽车型号，我将它命名为'T 型'，所有车的底盘都是完全相同……型号最重要的特征……就是它的简洁。车内只会有 4 个结构组件：动力装置、车架、前轴和后轴……作为设计者的我决定，要让这一车型简单到足以让所有人都能理解它。"

这一做法一箭双雕，对任何事都适用。文章越简单越容易被写就；汽车价格越便宜，就卖得越多。

从批量生产转为持续移动的组装流水线，直到 1913 年这一计划才开始实行。也正是从那时开始，福特坚持将所有车都漆成黑色，因为只有日本黑漆干燥的速度能够赶上流水作业的速度。

简化与规模所产生的效果就是 1914 年之前 T 型车的价格降到了 550 美元，当年的销量达到 248307 辆。到 1917 年，价格甚至更低，只有 360 美元，而销售量则猛增至 785432 辆。到 1920 年，T 型车的销量达到 125 万辆，福特汽车的销售量增长了 67 倍。

到 1920 年，福特汽车的市场份额激增至 56%，这是排名第 2，拥有 5 个不同汽车品牌的通用汽车的将近 3 倍。无论是绝对还是相对于销量和所用资本，福特在当时都是世界上盈利水平最高的汽车公司。

再讲一个麦当劳的案例。

麦当劳兄弟在遇见克罗克（雷·克罗克1961年以270万美元的价格从麦当劳兄弟手中购买了麦当劳的所有权，并其推广到全世界）之前已经做到了什么呢？他们已经发明了一种产品，并证实了其潜力。他们重新定义了餐馆，证实了快餐的简洁也具有经济性。对客户而言，它很实惠，吸引力也已经基本成形。悬挂在第一家麦当劳餐厅外的第一幅巨大招牌上写着："麦当劳著名汉堡——拿袋子来买吧！"这句话被左右两个大写的15美分框在中间。

除此之外，麦当劳还有以下其他附加利益：

（1）实用性。即高品质的食物、连续性与可靠性，一以贯之的相同产品。

（2）艺术性。即利落的雇员，整洁的制服；金色拱门标识；整洁的店面，肉眼可见的卫生状况；麦当劳的声誉以及"M"标牌。

（3）使用便捷性。即快速的服务；无须小费。

克罗克描述了他是如何创建了一个能够为客户与其他连锁店带来品质稳定性的独家系统。

（1）始终如一的菜单，不允许有任何变化。使用相同的加工方式来达到相同的食物品质。

（2）光洁干净的卫生间、餐厅与停车场。整洁、品质、服务与价值，正是克罗克所强调的四条原则。

（3）不配备付费电话、自动点唱机或自动售货机。

（4）建立"汉堡大学"，用于培训连锁经销商和员工。

（5）通过提供一个合适的开业地点和金融服务，为经销商准备好了一个足够简单的产品。

（6）用少量的产品线，帮助最好的供应商服务大量的麦当劳餐厅，帮助它们削减成本。比如大批量包装，在每一站点运送更多东西，以此保持良好的经济效益。

二、单点突破

热门电影《摔跤吧！爸爸》中，在最后摔跤大战的前夕，女主人公问父亲明天有什么策略？父亲说："明天只有一个策略，你必须让所有人都记住你。如果你只是得了银牌，不久就会被人忘记。如果你得了金牌，就会成为一个榜样，孩子们会永远记住你。"

父亲的一番话其实道出了事情的残酷真相：在现实世界中，你只有走到这个领域的 1% 以内，才能真正地脱颖而出，让别人记住你。

乔布斯教给人们最重要的事是什么？就是纯粹也是可以成功的。"纯粹"一词放在创业者身上，放在产品身上，指的就是"单点突破，极简切入"。因此，在切入一个行业时最好的办法就是先找到一个点，"集中优势兵力"将其"打透"——做到极致，然后围绕这个点在这个行业延伸，形成产品线，最后做成平台，甚至生态。

1. 通过一个极简的点，找到一个核心的诉求

美图秀秀"一键美颜"这个简单的定义就能穿透所有爱美的人群。

爱奇艺现在能做这么大，也是源于这一点。首先，爱奇艺刚进入视频领域的时候，行业格局已经确定，但它依然决定从影视剧切入，不做短视频，也不做频道，不做新闻；其次，就做高清，想看高清影视剧就上爱奇艺。凭借这两点，爱奇艺形成了自己的特点。

产品公司流行一句"天条"："1 米宽的产品，要做 1000 米深度！"做微创新、做产品一定要单点突破，把一点做到极致。不怕产品有缺点，就怕产品没亮点。这世界上没有完美的产品。今天你做个东西，面面俱到好像很平衡，可能就没有市场。因为这就像一个老好人一样，没有优点，也没有缺点。

很多产品的竞争就像是"田忌赛马"，我不和你拼整体实力，只要在一两个点上打败你，就能取得最终的胜利。

伤其十指，不如断其一指。面对强大的对手，在你不具备强大对手的资源的时候，一定要集中精力，单点突破，大赌大赢，不能面面俱到。

雷军提出的"专注、极致、口碑、快"互联网思维七字方针，他自己是这么解读的：

专注：核心就是少，少就是多。

极致：做最好的产品，做到极限。

口碑：比用户想象的还要好。

快：速度更迭才能抢占机会。

可见，专注是做任何事的前提，多元化并不适合多数企业。极致是标准，3分心做3件事和10分心做1件事，效果肯定不一样。口碑是结果，做到了专注和极致，口碑是水到渠成的事。

2. 单点突破，得看独立存在的场景需求

PC时代，在360以免费方式提供安全防护同步附带了诸多功能的情景下，我们会天然地认为，好像只有安防需求了。清理大师功能作为其中一个模块，是随着安全防护自动启动的，似乎没有这么强的需求。而且，计算机动辄至少几百G的硬盘空间，对于清理垃圾的诉求也没有那么迫切。

如果在计算机上（主要是Windows上）只做清理大师，多年都无法成功。但当场景转移到移动设备端，运行内存RAM和存储空间ROM长期吃紧，且由于手机系统的相对封闭，安全防护就变成了次一级需求，而清理空间以提升手机响应速度则成了第一需求，这是猎豹清理大师单点突破的核心逻辑。

当时，傅盛在海外市场有一支4个人的工具团队，通过摸索，意识到海外工具市场是蓝海，于是自我变革，跳出熟悉的中国市场。2012年，他们集中公司所有力量，在海外单点引爆了 CleanMaster（猎豹清理大师）这个小产品，仅用了两年时间，就实现了日活过亿。

人生没有绝对的成功和失败，只有自我放弃和自我超越。单点的另一种机会——在稳定的业务链条或供应链中处于绝对地位，在垂直细分领域，做深做透产品，这才是单点突破。

Snapchat 的创始人是一个"90 后"，叫埃文·斯皮格尔（Evan Spiegel），是让马化腾最紧张的一个年轻创业者。斯皮格尔创办的公司市值已经超过 100 亿美元，个人资产达到 15 亿美元，成为世界上最年轻的亿万富翁时他才 23 岁。

斯皮格尔的做事风格很"奇葩"，做了一款产品叫 Snapchat，国内翻译为"阅后即焚"，这是一个图片沟通的工具。给朋友发张照片，对方看完后几秒钟就自动删除，而且对方看照片时，还得用手指按着照片，为什么？防止截屏。如果被截屏了，Snapchat 会告知照片的发送者，后果自负。对 Snapchat 这款产品，可以用"点杀"来描述，就是在产品上，把一个单点做到极致，同样可以绝杀庞然大物的对手。

马化腾是最早看上 Snapchat 的人。为什么？因为看不懂。马化腾吃过"看不懂"的亏。据说，2005 年，腾讯负责国际业务的人建议马化腾投资当时刚刚出现的 YouTube，但最终被马化腾以"看不懂"为由拒绝。

谷歌也曾提出以 40 亿美元的价格收购 Snapchat，被拒绝。后来，Facebook 创始人扎克伯格想要出资 30 亿美元现金收购 Snapchat。当时很多人都说 Facebook 疯了，因为 Snapchat 的收入是 0，但更令人惊诧的是斯皮格尔拒绝了收购。为什么？因为斯皮格尔找到了一个痛点：年轻人的社交图片分享。把一个点往死了做，对用户的痛点做深度的洞察和挖掘，让别人无法超越。

阅后即焚早期的痛点人群是高中生。美国一些高中禁止学生上课使用

Facebook，因此 Snapchat 迅速风靡。学生们上课时可以愉快地互相发送图片，而且不会留下证据。

阅后即焚的另一个深度痛点人群是女性，大约占至 Snapchat 使用人数的 70%。一个原因是女性爱自拍，这在全球是普遍现象。另外，阅后即焚显著降低了女性自拍上传的心理压力，因为不会被反复观看、评头论足。

更重要的是，使用者的好奇心被无限扩张，一旦玩起来黏性很大。现在，Snapchat 每天的照片和视频发送量为 4 亿次，接近 Facebook 和 Instagram 每天照片上传量的总和。Facebook 和 Twitter 都推出了阅后即焚功能，但是并没有真正冲击到 Snapchat。为什么？因为斯皮格尔在阅后即焚这个点上做得太极致了。最重要的是，他把熟人之间这种爆料性沟通做得痛点太大，太有黏性。

Snapchat 随后推出了阅后即焚的广告功能，而且不便宜，75 万美元一天。一条广告，打开 10 秒后就消失了，会有人买吗？有，而且还不少。因为 Snapchat 的月活跃用户已经突破了 1 亿人，其中大部分是活跃的年轻人。

Snapchat 还推出了一个支付功能，使用起来很简单，只要找到一个人的 Snapchat 账号，输入具体金额，然后点击"发送"即可。对用户而言，一对一的聊天更鲜活。阅后即焚的特点也保证了历史记录里不会留下任何痕迹。

产品人不能被营销人打败。未来，做营销的干不过做产品的。产品是 1，营销是 0，有营销无口碑必死！

乔布斯 1997 年说过一句话：当产品人不再是推动公司前进的人，而是由营销人推动公司前进，这种情况是最危险的。

乔布斯一生的信条就是聚焦产品，他称之为苹果的地心引力。"市场需要一种以产品为导向的文化，在技术公司也是如此。"

李小龙说过："我不怕练过一万种腿法的，就怕一种腿法练一万遍的。"

3. 聚焦，专注，做减法

爆品是一种匠心的坚持，是用心灵去创新，是用新的价值链重构，在残酷的市场竞争中脱颖而出，生生不息。

公牛爆品逻辑主要体现在以下4个方面。

（1）产品精神、工匠精神。主要内容如下：

①产品精神。iF 设计大奖创立于1953年，由德国历史最悠久的工业设计机构——汉诺威工业设计论坛（iF Industrie Forum Design）每年定期举办。它"独立、严谨、可靠"，凭此闻名于世。它以振兴工业设计为目的，提倡设计创新理念，被誉为"工业设计界的奥斯卡"，是世界三大设计奖项之一。2019年，公牛两款产品获 iF 设计奖。

你离干净、整洁的桌面只差一个公牛收纳盒插座。随着电器的不断增多，桌面上各类电线乱糟糟，十分影响美观，还会带来各种安全隐患，为此需要一个公牛收纳盒插座来解决电源插头太多带来的凌乱问题。多达7个孔位充分满足用户的用电需求，可将插座电源、笔记本充电器、手机充电器以及其他家用电器电源统统收纳起来，给桌面带来无比干净、整洁的效果。

合理用电，杜绝安全隐患——公牛定时器（GND-3）插座。给电子产品过度充电会带来不好的影响，比如，手机在充满电后并不会自动断电，而会以"涓流"的方式继续充电，长时间插着会带来电池寿命加速损耗、电池不耐用等后果。想要杜绝这些现象，自己守在插座旁边太麻烦，有没有省时省力的方法呢？公牛定时器（GND-3）插座支持定时断电功能，摒弃了复杂的设定操作，采用旋钮圆盘设计，表盘上有对应的时间刻度，只需一扭便能设定时间定时断电，使用简单，易用省心。

②工匠精神。商业社会潮起潮落,多数人追求所谓疯狂,只有少数人不为所动。工匠往往藏匿于日常生活中,看着不起眼的小事物之上,一条毛巾,一块肥皂,一颗螺丝钉,一个插头,都能窥见制造者的匠心。工匠精神的背后是始终如一的专业和专注,而专业和专注的企业往往有两方面的优势:一方面是态度,能够拥有打磨产品的耐心;另一方面是战略,精准把握产品的发展趋势。公牛电器作为插座领域专注的典范,一直致力于插座本身。通过将自身定位于插座行业的领导者,公牛电器的市场占有率长期领跑。

③发挥工匠精神,要求精益求精。公牛电器有两种生产线:一种是大线,一种是数量更多的小线。大线就是一般意义上的流水线,25个人一组;小线又叫精益小线,一组只有8个人。这种小线没有传送带,一道工序只在切实完成之后,产品才会被传递给负责下一道工序的员工。从效率上看,小线根本没法同大线比。可这是值得的,因为从小线出来的产品在品质上会更有保证。

④公牛电器的"匠人"气质还体现在专注上。曾经有很多经销商都劝公牛创始人阮立平做小家电,保证只要做出来,就能帮他卖掉。但他最终还是拒绝了这些好意。后来房地产开始火了,金融又处在市场的风口浪尖,但他都选择了视而不见。他的想法很简单,就是做一行就要把这一行做透彻。阮立平认为,在一个熟悉的行业都没做好就跨入另外一个不熟悉的行业,肯定更做不好。2008年,在已经成为插座行业老大很多年之后,公牛电器开始进入墙壁开关领域,并很快成为这个领域里的第一。

(2)产品标签:安全插座。插座界只有两个品牌:一个叫公牛电器,一个叫非公牛电器。推销起家的阮立平在销售和促销过程中发现,30个插座中有10个是坏的。20世纪80年代,改革开放后的慈溪成为全国有名的插座生产基地。有技术背景的阮立平开始时是帮客户修理插座，慢慢发现了其中的一些门道。几年之后，阮立平与弟弟阮学平一起创办了慈溪市公牛电器有限公司，他的初心很简单，就是想做"永远用不坏的插座"。截至2018年，公牛集团在全国范围内建立了74万个五金渠道网点，近11万个专业建材及灯饰渠道网点，14万个数码配件渠道网点。

要知道，插座行业并不是一个技术"门槛"很高的领域，且行业空间也十分狭窄，整个行业的产值，也许还不如三四线楼市的一个楼盘。然而，公牛做到了行业第一，打造了属于自己的"公牛神话"。回顾公牛品牌的历史，可谓一部"专注"的历史。

从一开始，公牛就把产品质量放在了首位，喊出了"用不坏的插座"口号。并投入费用建立国际标准实验室，可以做防雷测试、升温测试，用全球最领先的行业标准来作为自己产品的标准。

1995年，确立"用不坏的插座"定位，进行区域性广告推广。

1997年，用"新国标主要起草和制定者"的公关形象来对品牌进行背书，并持续至今。

1998年，首创按钮式开关插座，进行产品推广。

2007年，用"第一个荣获中国驰名商标"的转换器品类进行品牌背书。

2009—2010年，以"保护电器、保护人"为主题，进行全国范围内的广告宣传。

2010年至今，在全国高校开启了"安全插座专家"的大学生用电安全教育推广活动。

2011年，引入品牌代言人知名演员甄子丹，以"小插座，大安全"为传播主题，进行全国范围内的广告投放，高举高打。

2013年，联合"摇滚教父"崔健、长江守护第一人杨欣、《舌尖上的中国》总顾问沈宏非，以"专注与你相连"为最新传播主题，拍摄系列纪录片。

2014年，推出高端功能性抗电涌系列插座，进行全面推广。

2015年，重新塑造"插座专家与领导者"品牌定位形象。

2015年，推出场景化产品——办公桌系列插座，进行全渠道范围内推广。同年，在小米插线板推广之际，从战略转变角度推出了第一款互联网插线板公牛小白系列，并联合电商在全网范围内展开了公关、数字营销、互联网广告等一体化的推广活动。

2017年，以"公牛就是牛"为主题，推广新的数码转换器产品形象。

2018年，成为NBA芝加哥公牛队官方合作伙伴，在国际篮球赛事上进行品牌推广。携手动画电影《公牛历险记》进行跨界合作推广。

2018年，赞助腾讯游戏电竞世界杯。

从这条品牌传播线，我们可以总结出三个显著的推广阶段：1995—2014年，以品牌核心价值形象推广为主；2014—2017年，以重点产品推广为主；2017年至今，以"品牌年轻化"为主。

但在2017年以前，无论是口号的变化还是推广方式方法的变化，公牛品牌推广的核心是比较聚焦的，都是在塑造一个核心价值——安全。消费者买插座最关注的是什么？是安全、安全还是安全！消费者关注的东西永远是直接的、简单的。解决复杂的问题，要用简单的办法。从价值认知切割出发，将"安全"这个消费者关注的核心利益和公牛插座对接起来，强化安全在消费者心中的价值。以前叫公牛插座，之后直接转换为公牛安全插座。

一边是安全插座，一边是普通插座，消费者购买插座是买安全的还是普通的呢？当然是安全的！

（3）产品背书。公牛企业是国家插座标准的主要制定者。公牛历经15年的专业制造，给中国消费者推出了一代又一代品质过硬的插座，得到了广大消费者极高的评价。在市场调研时，有不少消费者表示，12年前买的公牛插座现在仍在使用，品质非常好。

公牛插座拥有的三重防护标准：

第一重防护，低阻减热，365天低温通电，确保电源线不发热；

第二重防护，立体啮合，5000次插拔不松动，确保不漏电；

第三重防护，双向阻燃，650度高温防火，也就是不起火。

三重防护，构成了公牛插座的安全标准。

（4）产品价值可视化。公牛采用加粗线缆，加厚面板，消费者的反馈是："公牛的插座看着就感觉安全。"公牛摒弃了习惯上经常采用的叫卖式广告和激发式广告两种推广形式，大胆采用了公益广告的形式，传播起来更有可信度和责任感。广告的灵感来自一则央视《新闻联播》报道：某大学的一幢楼房失火，原因是插座选择和使用不当。公牛于是大胆地提出这样一个创意：电器火灾猛于火，公牛插座提醒您：使用公牛安全插座，公牛安全插座保护电器保护人。小产品，微创新，构建品牌强大的竞争壁垒。

自媒体时代到来，公牛将自己的一切都当作媒体来做：厂房、物流、渠道、终端、包装，甚至产品本身，无处不是"宣传媒体"，无处不是"品牌露出"。

自媒体化工程，目的是把品牌的宣传效果最大化，无论是企业内部（员工、股东等）、价值链（供应商、经销商、终端零售、消费者），还是外部（政府、社会、公民），都能最大程度地看到企业品牌的信息，留下印象，让品牌知名度和品牌影响力更上一个台阶。

三、轻资产

日本便利店7-11作为一家很杰出的连锁企业，为其连锁店体系打造了庞大、高效、集约的赋能体系，能够实现几万家门店统一管理，背后有其高效的IT系统、供应链体系、客户管理体系等，实现了对企业内部员工赋能。

在这个基础上，7-11把赋能扩大到了合作伙伴，比如供应商、物流合作伙伴等，7-11也为他们提供高效的IT系统、供应链金融，甚至一些规模化的基础设施也帮忙组织建设。比如仓库，就是7-11组织供应商一起建设，并分摊其成本，分享其利润，实现了对合作伙伴赋能。

最后，7-11还完成了对竞争对手的赋能。7-11近年来的店面扩张主要来自一项计划，叫店铺转换计划，就是把社区的各种夫妻店收编，将其换牌，改为7-11的加盟店。

由于7-11的整个零售体系效率极高，在产品规划、店面布置、物流配送、数据分析、供应体系上都具备强大的赋能能力，因此这些社区夫妻店经过7-11收编后，业绩都有了质的飞跃，而7-11也从中获得了巨大的投资回报。

1.打造赋能型组织

赋能式打造应对不确定性的敏捷团队，任何老板、员工和组织都需要被赋能。

日本"经营之圣"稻盛和夫将员工分为三种：自燃型、点燃型和阻燃型。

自燃型是指那种无论做什么事情都很有干劲的人，点燃型是指那种需要别人点拨才能激发内在能量的人，而阻燃型则是指那种无论外界如何变化都很难激发内在动力的人。

好的领导可以激发员工的能动性，差的领导却会压抑员工的创造力。如何将阻燃型员工转化成自燃型员工？打造敏捷团队、提高经营效率有其黄金铁律：赋能授权。

赋能授权的意思就是授权给员工，赋予他们更多额外的权力。逻辑上来说，这样做意味着为了追求企业的整体利益而给予员工更多参与决策的权力。赋能授权是为了消除妨碍员工们更有效工作的种种障碍，其思想出发点是企业由上而下地释放权力——尤其是阿米巴员工独立经营、自主核算的权力，使员工在从事自己的工作时能够行使更多的控制权。

2. 赋能型平台

平台赋能是必然，未来所有平台都是赋能平台。赋能平台是一个更大也更深入的概念，实现从个人赋能到组织赋能的跨越。

大量的平台型公司进化出了一种协作机制，从生产供给到建立平台，并且吸纳更多的创业者或合伙人加入平台，代替平台去深挖细分用户自己也许都不知道的潜在需求。比如阿里巴巴不断强调要赋能商家、赋能中小企业，腾讯的格局观是"连接一切，赋能于人"，京东到家发布了"零售赋能"新战略。

越来越多的平台选择自己不做而是赋能合伙人的时候，赋能的协作机制就达成了。

赋能平台可以更多地帮助企业和组织获得可行的发展路径，并与赋能平台紧密合作、共同成长。一个好的赋能平台该做的，就是在组织发展的不同阶段进行个性化赋能，当然前提是足够了解这个组织，与组织之间达成一致性的目标，能够建立一种成长型的伙伴关系，并在这个过程中，不断给予适用的方法和工具。这点非常重要。帮助组织持续解决成长中的问题，能够做到一起分享成功的喜悦，一起担当失败的沮丧。

企业的发展，需要从管控型组织转变为赋能型组织。赋能组织，主要指团队已从集权向分权的方向过渡，团队成员感觉个人拥有了某种能力，整个群体也拥有了某些能力。主要体现在两个方面：第一，团队在组织中地位提升，自我决定权也在提高，支配权很大；第二，团队成员已经感觉到拥有了某些方面的支配权。

3. 赋能的4个维度

（1）赋责。创业团队必须担当完成目标与成果的全部责任，这是必须明确的。不能因为是内部创业或任何原因，而将责任推卸给母公司或其他相关部门和人员。可以依靠，但不能依赖母公司！否则，就不是内部创业！

（2）赋权。赋予创业团队充分的自主权，达成目标与成果的一切必要的权力。与责任一样，这也是必须。只有让创业团队真正当家做主，他们才可能承担起责任。

（3）赋能。提升创业团队的意愿与能力，这是母公司最重要的孵化功能，要不断地提升创业团队的整体意愿与能力，促使他们去挑战更高的目标与成果。赋能既是平台型组织的重要属性，也是内部创业与独立创业相比之下最大的资源优势。

（4）赋利。赋予创业团队强大的利益关联机制、驱动机制。一谈到"利"，多数人会想到钱，但内部创业要打造的是"价值共创、风险共担、利益共享"的合伙人激励机制。

4. 赋能，让组织自驱动

赋能并不是简单的权力下放，建立可赋能的灵活团队，需要以下几个因素：

（1）经营哲学：核心是组织愿景、使命、意义观。

（2）部门公司化，也就是将公司划分成若干独立核算的经营单元，下放权力，扁平化管理，让一线员工决策。公司组织架构是扁平化的，公司需要相信优秀的人本身就有很强的驱动力和自我管理能力。管理扁平化，才能把事情做到极致，才能更快速。公司领导人也可将权力下放给合伙人，类似于"地方自治"，合伙人拥有较大自主权，且不互相干预。不需要你考虑太多杂事和杂念，没有什么团队利益之争，一心在事情上。这样的组织架构，减少了层级之间互相汇报所浪费的时间。让团队成员建立信任感。团队成员也必须全都向同一个目标努力，明确知道到底什么是"正确的事"。

（3）利益共享。首先，通过独立核算，使得每一个组织都是一个利润单元，参与经营过程的利益分享。其次，激励体系方面，包括实施合伙人激励机制，要全面激活各级组织活力、人才动力，打造为命运而战的经营人才，实现共创事业，共享成就。特别是赋能既能保证股东利益，又能激发员工的"老板意识"，实现共同参与经营，共享经营成果。

（4）打造赋能型领导者。①赋能型领导者懂得用群策群力的方式，能够激发和整合整个团队的智慧来设计未来业务，推动组织变革，并解决业务开展过程中的各种问题。②在赋能组织中，领导者要把每个员工假设成小CEO，给他们营造创业的机制和在业务中成长的机会，让员工从工作中得到足够的创新空间、成就感和成长锻炼。③赋能型领导者需要把团队建设、人员培养这种原来并不怎么重视的工作，提高到空前重要的高度，充分激发员工深层次的内在动力，并在工作中培养下属的业务推进和带领团队的能力。

5. 勤商会：赋能计划——集体赋能，集智迭代

2017年我发起成立了勤商会，把每12家企业组建一个董事会，大家互为董事，成人达己，每一个进入勤商会小组的CEO成长得越快，就越能助推更多成员的成长。

赋能能力的层级和量级越高，能为更多利益相关者、更多需求提供赋能，就有获取更高回报的合法性。因此，其商业模式升级也可以归结为两个核心动作：能力升级与广泛合作。广泛合作，既包括"我为别人赋能"，也包括"别人为我赋能"。

赋能的终极目标是构建出一个完善的生态系统，在各个赋能个体独立发展的同时，又在整个系统内能够形成整体性协作。目前，从全国来看，赋能做得最好的就是阿里巴巴，从云计算到消费领域，充分赋能，但又能够让各部分相互共生，流量、信息、知识、资本在各部分能够共享流动壮大，形成良性循环的生态系统。

第四章　内生式增长

一、超级分拆

超级分拆的目的是扩大空间，一方面扩大了融人空间，另一方面扩大了融资的空间，企业要发展，就得把组织从单细胞变成多细胞。

"这是最好的时代，也是最坏的时代。"如果用这句话来形容目前中国的商业，那么"好时代"和"坏时代"分别对应的就是新零售业和传统零售业。

盒马鲜生是阿里巴巴对线下超市完全重构的新零售业态。它与传统零售业最大的区别是：盒马鲜生运用大数据、移动互联、智能物联网、自动化等技术及先进设备，实现了人、货、场的优化匹配，从供应链、仓储到配送，盒马鲜生都建立了自己的完整物流体系。

下面是盒马鲜生在武汉的"裂变扩张"：

2018年4月，盒马鲜生武汉首店在武昌南国首义广场开业。

7月，江岸区百步亭花园路的万家汇购物中心店开业。

8月，第三家店武汉环球贸易中心（ICC）太和里店开业。

9月底，第四家盒马鲜生在洪山区天下龙岭广场开业。

10月31日，盒马鲜生武汉汉阳区绿地广场中央广场店开业。

11月13日，盒马鲜生江夏区联投广场可汇 Mall 店开业。

11月底，武汉鸿达中央广场和帝斯曼国际中心两店齐开，盒马鲜生武汉门店增加到8家。

加上汉阳区海宁皮革城门店已线上开业，武汉盒马鲜生已经一共开业9家。

盒马鲜生几乎以每个月新开一家店的惊人速度，在武汉朝着"3年50家门店"的目标一路扩张。

很多企业做不大往往是源自空间小。放大空间，一方面企业要有高远的目标，老板也要放大做企业的梦想。花同样的时间，我们完全可以让我们的商业变得更加精彩。老板有梦想，所有智慧都会显现；老板没有梦想，所有智慧都会屏蔽。

二、师带徒裂变

很多连锁企业，为什么能持续裂变和发展，是源自"连住利益、锁住管理"。

餐饮品牌海底捞2018年9月26日在我国香港上市，发行价17.8港币，市值超过120亿美元。而拥有肯德基、必胜客及小肥羊等的百胜中国，2018年9月25日的总市值为130亿美元。

传说中人类无法超越的海底捞，在上市前并没有进行过融资。根据沙利文报告，海底捞2017年的收入在中国和全球的中式餐饮市场中均排名第一，是中国及全球增长最快的中式餐饮品牌。而海底捞2017年的整体翻台率达到每天5次，远高于中国主要中餐品牌的水平。

申请上市时海底捞餐厅总数已达320家，在海峡两岸暨中国香港特别行政区、新加坡、韩国、日本及美国等地区均有分布，年服务客户超过1

亿人次。海底捞申请上市的主体为在开曼群岛注册的海底捞国际控股有限公司，其股权结构为：

创始人张勇夫妇直接持股 37.62%；

张勇夫妇、施永宏夫妇四人成立的公司共持股 36.96%，而张勇在这家公司持股 51.778%，加上其夫人，共持股 67.85%；

张勇夫妇在海底捞直接+间接共持股 62.7%，控制海底捞 74.58% 的股份；

施永宏夫妇持股 29.3%；

首席运营官杨利娟（杨小丽）持股 4%；

管财务的苟轶群持股 2%；

早期已出名的袁华强持股 1.5%；

市场拓展部总经理陈勇持股 0.06%；

核心员工杨宾持股 0.04%。

裂变源自样板的打造！海底捞的门店裂变是源自很强的单店盈利能力，通过以下 3 个维度可以看出海底捞的利润率为什么会高于同行：

1. 单店利润设计：定价

低敏感性菜品毛利率更高。海底捞菜品价格对比，必选产品——锅底全国的定价差异性并不大，而蔬菜的价格差异相对较大，荤菜反而价差较小。消费者对于必选产品的敏感性要显著优于可选产品，因此保证单价较高且必须消费的锅底价格差异较小会使得消费者更加认同其定价体系。而对于本身成本较低的配角素菜，消费者的价格敏感度不高，更加激进的定价方式则可提高销售毛利率。

餐饮定价遵循向上竞争：从消费者心理角度来看，优惠比便宜更有效。也就是说，当一家餐厅定价高的时候，可以选择提供一些免费产品（比如小吃和饮料），消费者更享受"让利"的部分。对于餐饮企业，宁可提价后再给优惠也不能降价,需要向上竞争,实现高毛利,而避免向下竞争,否则品牌下滑,还会导致流失原有客户,且难以获得更高的市场份额。

2. 单店利润设计:翻台率

通过海底捞的模式可以看到,中餐的标准化具有可行性,因而对于单店运营就具有可预测性。对单店进行营收端的预测:餐厅收入 = 客户数 × 客单价 = 桌数 × 翻台率 × 客单价。

海底捞是业内翻台率最高的公司之一。2017年翻台率为5次/天,单店日平均销售额14.08万元,日接待客户1441人次,客单价97.7元。从门店结构上看,海底捞在一、二线城市的业态比较成熟,正在向三、四线城市下沉。三、四线城市2017年客单价94.2元/人,翻台率4.7次/天,已经逼近一、二线城市。

延长营业时间是海底捞过去几年翻台率提升的最核心因素之一。营业时间延长可以接待更多尾部客人,虽然可变成本部分有所增加,但固定成本(租金、折旧摊销等)会被进一步摊薄。截至2018年11月19日,海底捞85.52%的门店每日营业时间超过20小时(含),符合要求的门店基本已全部改造为"准24小时"营业,其中二线城市超20小时门店占比最高,而三线城市消费水平尚未满足,因此营业时长最短。部分一线城市由于受到城市管制问题,以18小时门店为主。

消费者的用餐时长根据经营效率和产品属性不同而有所差异:从经营效率角度来看,海底捞服务员会主动帮助消费者下菜,增加服务频次(计件工资制),进而加快就餐进度。同时,海底捞一个店可细分为45个岗位,高度专业化分工缩短衔接环节,而且客户点完餐,就去拿配料和小吃,等到都就坐,基本所有菜和锅底都已经配送到位,就可以提高翻台率。虽然越简单的菜式所需时间越短,但实际操作中也会松紧结合。比如，捞面是海底捞服务的一大特色，该服务增加了用餐时长，抖音菜单的火爆也变相增加了消费者的用餐时长，但也丰富了用户体验。

3. 单店利润设计：坪效

坪效是衡量门店经营效率的最直接因素。在客单价维持稳定的情况下，更多的座位数再和翻台率相乘就是更高的单位营收（坪效）。

标准化餐饮精简后厨面积，提高物业利用率。根据《老板内参》数据，在考虑前厅与后厨的面积分配时，中餐3:1，西餐7:3，是行业惯用的面积配比。以海底捞上海某店为例，其等位区：营业区：后厨区约为10%：65%：25%。火锅可以把大部分产品提前做成半成品，制作流程标准化后上菜速度快，后厨集约化就可以减少后厨占用面积，释放更多的就餐面积，带来更多餐桌数。

面积合理的等位区能够以小的免费换来大的客流导入。海底捞的等位区提供免费的小食饮品、游戏、美甲等免费服务。尽管占用了资源，但其等位区实际上是招客区，小的免费换来大的客流导入。总结来看，一般海底捞单门店桌数=使用面积/12，达到了物业使用效率的最优。

海底捞坪效远高于其他一般餐饮企业。酒店行业物业体量（房间数）越小，越容易做到高入住率。同样，对于餐饮企业，面积越小，其坪效可以做到越高。全聚德、海底捞目前新店面积已控制在尽量1000平方米以下。从坪效来看，海底捞在5万—5.5万元/平方米，呷哺呷哺2万—2.5万元/平方米，而其他餐饮企业集中在1.5万—2万元/平方米，经营效率上存在明显区别。

为什么海底捞的坪效能大幅领先呢？

由于一般餐饮和商业物业会采用固定租金合同，单位坪效越高则租金相对营收占比越低。以西式快餐翘楚麦当劳为例，一家300平方米的门店年收入大致在900万元，对应坪效在3万元/平方米，租金占比在7%—

8%，对应单位租金在 6—7 元 / 平方米 / 天，这在业内已经处于领先水平。根据财报上的数据，海底捞的租金占比在 3%—4%，换算后两者的单位面积租金相仿，而更高的坪效则使得租金成本显著低于行业水平。

客流溢出效应使得优质餐饮公司可以获得更优的租金。并不是所有来海底捞排队拿号的人都愿意付出长久的等待。根据历来排队情况观察统计，一般就餐高峰期，平均每 3 个号只有 1 个号叫到的客户是在场等待的，另外 2 个号均会作废。这使得海底捞和周围商业形成了微妙的关系。对于海底捞，维持持续排队现象的意义在于维持人气，在排队区域就展示自己的服务特点；同时促使等待区的客流溢出并转化到周围的商业业态中，符合商业综合体管理方最大化客流利用效率的目的。在品牌影响力上，肯德基、麦当劳、星巴克也可以获取低廉的租金，而海底捞除了品牌外的溢出效应使得其在不到 500 家门店的情况下，仍可以谈到远低于行业平均水平的租金。这也是海底捞愿意维持一定比例超负荷的高翻台率的因素。

4. 单店经营效率是海底捞裂变增长的基础

独特管理模式确保门店经营效率。公司管理模式独特，形成仅有三个层次的扁平管理架构，分别是总部（总部管理 + 教练）、抱团小组、餐厅，基于核心理念"连住利益、锁住管理"进行组织管理。店长自主权高，以客户服务满意度为最主要考核标准，基层员工计件薪酬，为其提供清晰的晋升通道；同一区域内餐厅形成抱团小组，共享资源，互相支持；总部在此架构下专注于管控餐厅管理的关键环节，如食品安全、供应商选择等。公司同时注重技术应用、会员管理、产品优化等各项可以提升就餐体验的要素运用。

5. 门店裂变增长："连住利益、锁住管理"

"连住利益"指高度统一员工与公司的利益，充分激发增长活力；"锁住管理"指控制系统风险，为海底捞长远发展保驾护航。餐饮行业裂变增长的关键在于计件工资制（普通员工）和店长"传帮带分红制"（针对店长等基础管理层的激励制度，也是海底捞能恐怖裂变的关键中的关键），而通过管理的标准化工序的设置以及产业链一体化升级，"阿米巴经营把产业链上下游拆分成一个一个独立的小组织，使其自主经营"，为海底捞长远发展保驾护航。

（1）自下而上的裂变式增长。成功管理员工与门店的关系，将推动自下而上的裂变式增长。

①海底捞的核心价值观。海底捞为门店员工设置了公平、清晰的晋升通道，并且实行"计件工资"制度，让员工的个人薪酬与劳动数量、质量直接挂钩，有效调动了员工的工作积极性。

②人人有机会的成长激励。海底捞的核心价值观是"双手改变命运"，所以制度体系就会围绕这个理念来设计，给员工提供了公平、清晰的晋升通道。比如，早年海底捞就为员工提供了多种不同的职业上升通道：

管理晋升途径：新员工——合格员工——一级员工——优秀员工——领班——大堂经理——店经理——区域经理——大区总经理——副总经理。

技术晋升途径：新员工——合格员工——一级员工——先进员工——标兵员工——劳模员工——功勋员工。当一名员工在自己的普通岗位上做到功勋员工时，他享受的待遇将和一名店长差不多。

后勤晋升途径：新员工——合格员工——一级员工——先进员工——业务经理。

这样的晋升机制，给那些上不了大学，没有专业知识，没有资金，没有人脉的最底层员工打开一扇心灵窗户——只要努力，我的人生还有希望。员工可以通过自己的努力往上升而获得更高的待遇。

首席运营官杨利娟、袁华强等都是从服务员做起来的。绝大部分店长都曾在服务员、杂工或清洁工等多个非管理职位任职，一旦晋升为店长，就有机会享有门店业绩提成。

③师徒制。海底捞的师徒制绑定了店长与公司之间的利益。店长不仅可以对本店享有业绩提成,还能在其徒弟、徒孙管理的门店中获得更高比例的业绩提成。在此薪酬体系下,店长的个人收入与其徒弟、徒孙是否获得成功直接相关。因此,店长不仅具有充分的动力管好其门店,还坚持公平公正的原则,尽可能多地培养出能力、品行都合格的徒弟店长,并带领、指导他们开拓新门店。因此,师徒制是海底捞自下而上发展战略的核心,从而实现裂变式增长。

2017年,海底捞就派出了1800位神秘人,其中国内1600名,国外200名。这样的制度下,徒弟要想迈上人生巅峰,成为"新店长",必须加油干,和师傅一起,努力提高老店业绩,争取A评级。

徒弟去新店当店长后,海底捞给出了两种薪酬方案供师傅选择:一种是自己所管理餐厅利润的2.8%;另一种是自己所管理餐厅利润的0.4%,徒弟管理餐厅利润的3.1%,徒孙管理餐厅利润的1.5%。

(2)组织抱团,形成家族。门店之间形成有效、合理的互助关系,可显著提高管理效率,并化解总部职能,避免随着规模扩大而滋生出冗繁的总部。在师徒制下,由于师傅与徒弟、徒孙之间利益高度统一,门店与门店之间已形成自然、牢固的互相帮助关系。

海底捞要求地域相近的若干门店形成一个"抱团组织"(又称家族)。这些抱团组织通常包括5—18家门店(通常以存在师徒关系的门店为主,应该称为区域管理,不过这种区域管理是以人为区隔的),并以有能力的店长(通常是组织内其他门店的师傅)担任(组长)。抱团组织内门店因分布在同一地区,共享信息、资源,具有共同解决当地问题的能力,有效实现了一定程度的自我管理,提高了当地管理的透明度和效率。目前,海底捞有37个抱团组织,要求每个组长制订出抱团组织的长期发展计划,设计当地新店开拓、人才培养、下一代的组织裂变等。该发展计划鼓励组长制定明确目标，从而构成公司长远战略的基础。

给予店长较大的门店经营自主权，如门店员工聘用、解约、晋升、折扣、个性化服务等。但总部统一控制系统性风险，为门店提供核心资源和可选服务，实现"锁住管理"（效率极致化）。

总部对门店发展的关键环节进行严格审批，包括门店考核、店长认证、开店审批。总部每季度对门店进行考核，并仅以"客户满意度"和员工努力程度作为KPI指标，而不考核门店经营或财务指标。薪酬体系已经充分激励店长和员工，门店的业绩可获得基本保证。海底捞将门店考核结果分成A、B、C三个等级，分别代表优秀、良好、不合格。一旦评为C店，储备店长不能在下个季度开新店，而一旦存在食品安全事故，则自动评为C店。在严格的考核制度下，平衡了门店的发展和风险的控制。

总部有效控制门店管理的核心环节，包括拓展策略、食品安全、信息技术及供应链管理等，以保障标准化、规模化增长。在门店布局战略方面，会持续提高各城市的门店密度，并强制要求各城市存在一定比例的门店翻台率低位甚至亏损。此项战略规划由总部全权决策和推动，尽管与部分店长的利益存在冲突，但不会因为店长的意见而改变，而总部则为受损的店长统一提供补贴。通过推行该项战略，可以充分提高门店密度，一方面覆盖更多市场，缩短客户等待时间，另一方面为未来的商业模式创新留足门店密度，进而获得公司整体利益的最大化。

教练团队会根据门店的需要，提供指导和支持，包括拓展商业谈判、菜单制定、装修设计等各个方面，以确保门店质量的一致性。为提高效率，允许门店自主选择教练团队，而总部教练的薪酬则与整体利润的增长量挂钩，从而保证教练给予门店充分的指导与支持。

中国餐饮产业中缺少大型连锁企业的专业化服务供应商，尤其在食材加工、仓储物流、门店施工及人力咨询等方面。通过阿米巴经营的方式，把产业链上下游进行拆分，受益于与该等公司的市场化合作，专心于核心业务，提升经营效率，实现规模化增长。

（3）人才生产线构造：店长生产线打造。具体内容包括以下几方面：

①店长评选。新餐厅取得成功的重要因素在于能够觅得一位经验丰富、熟悉餐厅日常运营及管理、有天赋的新店长。绝大部分店长均为内部培养及曾在服务员、杂工或者清洁工等多个非管理职位任职，且加入时担任初级岗位。在选择新店长时会考虑现有店长的推荐意见。如果批准店长递交的新的餐厅提案，店长的徒弟（符合经理资格）通常将成为新店长的首选，并须有教练组审核（大区经理审核）。若拟开设的并非店长提交的新餐厅，将在内部办公室自动化系统上创建项目发布，店长可申请承接该项目，亦由教练组审核。

②绩效评估。绩效评估教练可能考虑的其他标准包括：突击检查结果，其中重点检查厨房等客户不可进入的餐厅区域的安全及卫生，每月至少进行一次；来自网上餐厅评论网站的评论；员工流失率；由外部顾问执行的调查、报告及研究。

③薪酬。店长的薪酬与他所经营的餐厅盈利多少挂钩，更重要的是，与其徒弟的餐厅挂钩，以鼓励他们培养更多有才能的店长。店长的薪酬主要包括餐厅某个百分比的利润及基本薪金。为鼓励培养徒弟，店长可从其徒弟的餐厅获得比其自身餐厅更高的利润百分比。

④培训及晋升。企业发展、培养有才能及敬业的员工，对企业裂变增长至关重要。内部培养的人才能帮助企业在扩张中维护企业的品质和传承企业文化。海底捞为实现扩张目标，从内部底层职位晋升大部分店长及大堂经理。寻求通过培训及晋升计划激励员工，从而使他们预见未来的职业发展道路及增长潜力。海底捞致力于发现、培训和培养有潜力成为大堂经

理／店长的高潜力员工，现有320多名现任店长及逾200名后备店长。领导层培训计划，即海底捞大学计划，能够培育未来店长，为构建起人才生产线、迅速扩张提供有力支持。

（4）扁平化组织结构。为了实现持续高速增长，寻求通过结合传统特许经营模式与自营模式的优点，创建独特的管理模式，以找到标准化与灵活性之间、管控与自主之间的最佳平衡，让店长有足够的自由度及灵活性，同时保持对餐厅管理关键环节的管控。

2016年年中，海底捞重组了内部组织，设有四个组成部分，即总部、教练、抱团小组及餐厅。组织架构是扁平化管理系统，餐厅直接向高级管理层汇报。为支持总部，附近各个餐厅组成一组，互相提供支持以及共享信息和资源。该扁平化管理系统带来极高的透明度，能够立即有效执行公司目标。餐厅管理由教练团队支持，为店长提供指导、建议及评估。

①总部。总部有效地管控餐厅管理的关键环节，包括食品安全、供货商选择及管理、法律、信息科技、财务及餐厅扩张战略。在日常运营中向店长赋予了重大自主权，通过有效控制关键环节来管理每间餐厅的质量及确保取得成功。

②教练及教练团队。店长在管理餐厅日常营运方面有高度的自主性和灵活度，教练组为餐厅提供指引及支持。多数教练曾担任店长或拥有在餐厅工作的丰富经验。部分教练为全职教练，而其他亦可能在总部担任部门主管。教练组直接向首席运营官报告。

③抱团小组。一般要求区域内餐厅与其邻近餐厅形成一个抱团小组。这些抱团小组通常包括5—18家餐厅（通常以存在师徒关系的门店为主），并以有能力的店长（通常是小组内各门店店长的师傅）担任"组长"。抱团小组内餐厅互帮互助，拓展及经营新店，并进行落后店辅导。抱团小组内餐厅因分布在同一地区，共享信息、资源，共同解决区域问题，从而通

过自我管理，提高整体管理效率及透明度，实现区域由下至上的区域支持职能。

④门店。餐厅的日常营运由店长管理。店长负责员工考核及晋升，并鼓励挖掘有才干的徒弟成为店长，支持自下而上驱动的扩张。店长负责每天检查餐厅的营运情况，处理客户投诉及紧急情况，每周召开员工会议并审查财务及绩效指标。店长必须执行操作手册中规定的一套规则，这些规则主要涉及人力资源管理、食品安全、现金管理及新餐厅开发。通常赋予店长高度的自主及决策权。通过将店长薪酬与餐厅的业绩挂钩，以激励其确保海底捞餐厅的品质。

各餐厅通常配备100—150名餐厅员工。将餐厅职位分为初级、中级及高级。一般而言，新加入者将从初级职位开始，随着他们获得经验并接受额外培训，他们将转向更有挑战性的角色。初级角色包括杂工及清洁工，中级角包括洗碗工及备菜员，高级角色包括服务员及食品安全人员。

海底捞的主要经营单位是各家餐厅，公司对店长的考核指标是员工满意度和客户满意度两个。

海底捞对店长不考核利润、收入等经营指标或财务指标，但是店长的薪酬与其管理餐厅的盈利能力挂钩，也与其徒弟管理的餐厅挂钩。

三、病毒式增长

企业病毒式增长的背后往往都有底层逻辑。

赚钱一共有三条渠道：第一个消费市场，第二个创业市场，第三个资本市场。

消费市场赚的是产品的钱，买卖产品赚取差价，叫看得见的钱。

创业市场卖的是商机，卖的是项目，买卖商机、买卖项目赚钱速度肯定比买卖产品赚钱速度要快。

第三个是资本市场，资本市场赚的是股权的溢价，买卖股权赚钱的速度肯定比买卖产品赚钱速度要快。对一个老板来说，需要把看得见的钱分掉，去赚看不见的钱。

对一家公司来讲，所有做大的企业都不是一个单细胞企业，而是一个多细胞企业。所以，企业要想做大，就要想办法把企业从一个单细胞企业裂变成多细胞企业，这样才会有更多的人才愿意加入。而且，要认真思考如何进行组织变革，优秀人进来之后，可以留下来持续地为组织作贡献。更重要的是，要让优秀人才再去裂变出新的优秀人才，把组织的空间变大。组织裂变背后的六大法门如下：

1. 建立核算体系

核算体系建立的目的就是希望组织独立经营和独立核算。今天，越来越多的组织开始独立经营独立核算，背后的目的就是希望总经理去关注公司利润。我经常讲，老板要关注企业现金流，总经理关注利润。为什么总经理也要关注利润，要为利润操心？因为利润发生关系的背后其实就是要跟总经理做一个身股激励：先假设开了一家公司，老板是S。S老板在北京全资开了一家公司，要想让公司干起来，首先要搭一套班子。假设核心班子有四个人，叫A、B、C、D，都是部门经理，分管不同的部门。公司经过一段时间的运作后，就要把公司从一个单细胞的企业拆成多细胞的企业，而且市场不能只放在一个地方。这时如果A很优秀，就要他轮岗，把其他岗位全部做一遍。之后，A就可以出去开一家新公司。但在开公司之前，需要围绕班子搭一套二梯队，目的就是让组织实现裂变。

过去很多企业的发展模式都是"一个萝卜一个坑"或"一个萝卜几个坑"。"一个萝卜几个坑"是有问题的，只要一个"萝卜"出问题，生病了，或他离职了，或出去单干，都会对组织造成影响，一个"坑"里最好放两个"萝卜"，如此才有利于未来组织进行裂变。

2. 身股激励

身股，就是不需要员工投钱入股，但是可以享受到分红权。假设北京的这家公司运作了两年，经营得很不错，企业有成功因子。同时，A把所有岗位全部做一遍轮岗，之后可以竞聘，成功之后可以出去成立一家公司。比方去济南开了一家公司，济南开的公司就是我们开的第二家公司。在第二家公司，A做公司的操盘手和总经理。他为什么愿意去做总经理呢？因为采取了激励政策，给他做一个身股激励。比如，一个15%的身股，外加一个10%的管理奖。之所以给他身股，是因为他创办了这家公司，给他15%的身股激励；10%的管理奖是因为他同时在这家公司做管理，配给他10%的管理奖。

3. 配置团队

千万不要把单独一个人派去开发一个市场，因为失败率比较高。要想将一家公司创建好，最好派一个团队过去。所以，A去开发济南公司，可以带几个人，分别是A1、B1、C1、D1。如此，A1就可以晋升到A的位置，同时因为他们几个出去开了新公司，就需要循环搭班子，这里叫A2、B2、C2、D2。

当然，搭班子的目的是实现下一步的裂变。如果有一天发现B1同样很优秀，就可以让B1出去再成立一家公司。假设他成立了青岛公司，做了青岛公司总经理，就能获得15%的身股激励，再加10%的管理奖。

不要让他自己一个人去开公司，要给他配置团队。B1可以带走A2、B2、C2、D3。也就是说，一旦总经理、操盘手确定完，储备人才完全可以从其他公司自由进行搭配组合。后期成立的公司数量越多，裂变的速度也就越快。

4. 身股转实股

济南公司创始总经理是 A，他会拿到一个 15% 的身股，再加一个 10% 的管理奖。为了激励济南总经理 A，可以给他做一个身股转实股的计划，激励他全力以赴地完成公司给他制定的战略目标。

一般情况下，考核的指标有三项：销售额、利润和人才。假设 A 去开济南公司，可以跟他约定："在未来两年时间里，累计为公司创造销售额 3000 万，累计为公司创造利润 400 万，15% 的身股就可以转成 7.5% 的注册股，另外 7.5% 还是身股。"如此，只要达到这两个指标，他就可以拿到 7.5% 的注册股加 7.5% 的身股，再加 10% 的管理奖。

同时，还可以约定："如果 A 在济南公司继续干 3 年，累计创造的销售额达到 5000 万，累计创造利润 600 万，就可以把另外 7.5% 的身股转为 7.5% 的注册股。"如此，相当于给他做了一个股权激励。这样一来，5 年以后他将会拿到 15% 的注册股加 10% 的管理奖。

5. 子公司裂变

进行完股权激励后，如果 A 还有冲劲和干劲，完全可以出去开一家新公司。这就涉及子公司的裂变了。

如果另开的公司叫郑州公司，A 会有郑州公司 15% 的身股加 10% 的管理奖，同时还会有济南这家公司 15% 的注册股，但 10% 管理奖就没有了。如果 B 晋升上来做济南公司总经理，将会拿到济南公司的 10% 的管理奖。这种模式会激励 A 出去开拓新的市场，并且经过 5 年以后，A 极有可能拿到郑州公司 15% 的注册股，同时拿到济南公司 15% 的注册股。这个时候，如果他还有能量去打拼，还可以再出去开一家西安公司。

在西安公司，A 同样可以拿到 15% 的身股加 10% 的管理奖。同时拥有郑州公司 15% 的注册股以及济南公司 15% 的注册股。如此，子公司就会进行再裂变。当然，当 A 走了之后，B1 就会拿到 10% 的管理奖。如果想拿到更多怎么办？可以抓紧时间把 C1 培养出来，让 C1 去做公司的操盘手，B1 则出去开拓新公司，在新公司里拿 15% 的身股加 10% 的管理奖。

6. 总部的股权激励

随着子公司开得越来越多，公司总部的股权是非常有价值的。如果总部未来有上市计划，完全可以给所有子公司总经理做总部的股权激励，尽可能地点燃更多人的上市梦想和上市预期。

假设开办的所有公司最大的持股股东是总部，给总部做个估值，假设 6 亿，可以先确定股本就是 6 亿股。公司总部跟所有子公司都做了身股分红跟管理奖、身股转实股的激励计划，想上市，完全可以拿出一定比例的股份来激励贡献比较大的子公司总经理，让他们拼命地为组织作贡献。例如假设总部估值是 6 亿，拿出 10% 来做股权激励，相当于 6000 万股。

股权激励不是静态的，而是动态的，不建议把这 6000 万股一次性地全部分掉，可以分为几个阶段释放掉。所以，如果第一波人的激励股数共拿出 30% 来做激励，就是 6000 万股的 30%，相当于 1800 万股。A 先当总经理，然后 B 当总经理，然后 C 可能也当总经理，激励方法就是：他们要想拿到股权，先要作贡献，如果是他开公司，可以把他的业绩叠加在一起；如果激励周期是 3 年，在这 3 年的时间里，A 一共做了 6000 万的业绩，B 做了 3000 万，C 是 1000 万，每个人可以获得的股份的数量如下：A 6000 万股，B 3000 万股，C 1000 万股份。把三个人的所有业绩加在一起，累计的业绩就是 1 个亿，分配 1800 万股的股份：A 分配的数量其实就等于 6000 万除以 1 亿，再乘以 1800 万股；B 可以分到的数量就是 3000 万除以 1 亿，再乘以 1800 万股；C 可以得到的股份数量是 1000 万除以 1 亿，再乘以 1800 万股……可见，做了总部股权激励后，所有激励对象都会努力创造业绩，业绩越多，总部的估值就越大。

四、合伙人裂变

装修是每个家庭都会经历的事情。众所周知,家装行业是一个专业性很强的行业,产品和服务的非标程度很高,信息也不对称、不透明。在向装修公司、设计公司寻求帮助的时候,比如家装材质是否环保、价格是否合适等问题,很难辨别信息的真假。

装修又是一个耗时耗力的工程,涉及的环节繁多,不仅让用户无从下手,更对装修的价格无法合理估量,甚至在装修过程中还会出现中间环节层层加价的问题。再加上装修过程中出现的各种问题,比如建材送货延迟、装修偷工减料、装修工期延期、施工人员素养不高等,简直是客户与家装公司不断斗智斗勇的过程,致使人们对传统家装感到很无奈。

家装公司爱空间的全国扩张,没有采取以往的开直营店和寻找加盟商的模式,而是推行"城市合伙人"计划。即爱空间公司在城市设立一个控股子公司(控股60%),邀请合伙人(联合当地优秀的、愿意共同改革的家装行业的企业)投资入股当地的爱空间公司。所有家装公司的落地签单和施工工作都由当地公司完成,公司的业务操作、运营流程全部由当地合伙人负责。城市合伙人的收益,不是短期内的利润分红,而是来自城市公司的价值增长。当然,供应链和管理体系(包括渠道、推广即线下展厅)仍然由总部建立统一的模式和标准。

可见,城市合伙人就是爱空间公司进行全国布局的重要战略。对于推行此计划,爱空间公司CEO陈炜曾明确表示:"互联网的发展让我发现,我们在城市落地的扩张中,需要的是创始人,而不仅仅是职业经理人。"爱空间公司的4个合伙人分别主管线下门店、线上业务、产业工人培训管理、研发和客户体验。他们并不仅仅是职业经理人,更以老板的身份管理所属部门,尽职尽责、用心程度自不用说。

1. 5 年销售额突破 50 亿元

互联网家装，是将价格不透明、工期冗长、成本浪费的线下实体家装现象，改变成为可定价、定期的标准化家装，并通过线上实现交易和全程监控，线下实体体验和交付的新型家装模式，让客户参与到家装过程中，用互联网思维优化行业，打破行业的陋习、"潜规则"。

2014 年，爱空间公司首先推出一套颠覆行业的爆款产品，深受年轻人欢迎。699 元/平方米，从毛坯到精装 20 天完工，产品一经推出就成了行业内外的焦点，使行业内出现了标准化产品，爱空间公司更得到了市场认可：2014 年 12 月 13 日试运营当天，签单 17 单；开业第一月实现签单过千的骄人成绩。

2. 解决用户痛点

八大一线品牌，由工厂直供。爱空间使用的主材多数都来自科勒、马可波罗、大自然、科宝、博洛尼、雷士、西门子、多乐士、友邦等，能够从源头严格筛选好材料，为健康安全的绿色环保装修提供强力保障。

从毛坯到精装仅需 20 天。爱空间仅用 20 天就完成了施工全过程，是"最快家装"；同时，每天都会告知工程量，明确施工人员的施工效率，汇报施工结果，进行工程验收，装修过程透明。

80 道标准工艺，严格质检。按照要求质检，爱空间将自检与互检结合起来；100% 自有产业工人，绝不分包；免费测量，免费设计，免费软装顾问……这些承诺解决了用户的很多后顾之忧。

另外，消费者还能享受到 600 元/平方米的优惠价格，让老百姓得到了实惠。同时，爱空间的付款方式也异常便捷，将公司搬上了淘宝店，用户只要拍下定金，就能预约量房。

3. 去中间化

爱空间建有自己的产业工人基地，自己培养、管理产业工人，为产业工人统一安排食宿和管理，保证了产业工人的素质及能力。这些产业工人都来自一线，掌握着熟练的施工经验；经验缺乏的工人，则要进行统一学习与培训，经过业务考核后方可上岗，保证了施工质量。

第五章　外延式增长

一、生命周期

产品生命周期，也叫作"商品生命周期"，是指产品从投入市场到更新换代和退出市场所经历的全过程。

1. 产品生命周期

典型的产品生命周期可以分为四个阶段：

（1）导入期。产品开始上市，知名度不高，销售增长缓慢。为了打开局面，企业需要投入大量的促销宣传费用，此阶段产品不会给企业带来丰厚的利润。

（2）成长期。产品知名度迅速攀升，销售增长率也迅速上升，利润显著增长，竞争对手的类似产品也可能慢慢冒出来。

（3）成熟期。产品被大量生产和销售，销售额和利润额在达到高峰后出现疲态，开始慢慢回落，市场竞争空前激烈，产品成本和价格趋于下降。但是，在成熟期后期，营销费用开始逐渐增长。

（4）衰退期。销售增长率出现负值，利润越来越少，竞争的激烈程度丝毫未减；同时，产品的替代品已经出现。随着利润空间越来越小，产品会逐渐退出市场。

2. 不同阶段的产品策略

（1）导入阶段。这个阶段的产品最主要的目标是：找到用户痛点，做好功能分析，迅速上线，验证种子用户。要实现这个目标，可以采取这样的方法：通过市场调研找到用户痛点；根据用户需求，做好需求分析，建立自媒体通道，为种子用户和后期运营打基础；迅速完成产品原型，做好设计，快速开发，做好产品测试，保证用户体验；获取种子用户，跟踪并收集意见反馈，做好数据分析，不断改进和提升产品体验，以获得种子用户的认可。

（2）成长阶段。这个阶段的产品最主要的目标就是：获得用户，转化变现，建立品牌，声名远播。要实现这个目标，就要采取这样的方法：

①利用前期积累的种子用户迅速推广，扩大影响力，加强运营团队建设。围绕运营展开工作，一方面做好拉新、促活和留存工作，另一方面搞好品牌建设，建设好官方自媒体通道，同时与外界媒体保持联系并搞好关系。

②做好数据分析。用户方面，要重点关注用户留存率 DAU（日活跃用户数量）、MAU（月活跃用户数量），以及付费用户数据和 ARPU（每用户平均收入）等数据；推广方面，要重点关注推广渠道数据，根据数据优化渠道组合；品牌方面，要重点关注百度指数，做好数据分析；产品方面，围绕数据和用户，做好功能更新和产品迭代，采取各种激励手段，将流量转化为用户，将观望用户转化为付费用户。

（3）成熟阶段。对于这个阶段的产品来说，最主要的目标就是：活跃并维系好老用户，同时保持新用户增长率，继续稳定地实现创收盈利。要实现这个目标，可以采取这样的方法：活跃并维系好老用户，要利用运营手段，采取激励体制激活他们；继续数据分析以及产品迭代工作；继续做好用户转化变现工作，进一步提高营收能力。

（4）衰落阶段。这个阶段的产品最主要的目标是：尽力做好用户回流工作，同时更新产品线，寻求创新和转型，以求解决用户新的痛点，从而继续占领市场。要实现这个目标，可以采取这样的方法：想办法了解和触达流失用户，然后通过运营将他们最大程度地回流；关注竞品的动态，做好竞品分析，借鉴竞品模式，提升产品竞争力，从竞品手中抢夺用户，或者不被抢走用户。

今天我们更应该关注用户的生命周期，一方面拉长用户生命周期，另一方面增加用户价值。在传统的管理教育行业，用户的生命周期比较短，有的公司可能就一次。我创办的格勤教育为了延长用户的生命周期，推出了"勤商会"这个产品，用户定位是专注于服务千万到上亿，上亿到十亿的成长型企业，打造各个行业的领跑者。为了更好地为勤商会企业家创造价值，我们建立了一个企业外部商学系统，专门帮助他们培养核心高管和二梯队。同时，我们在很多城市成立了勤商会同学会，希望他们之间以每12个企业为单位，组建一个外部董事会，这样我们与所有同学的黏性就比较强，用户生命周期就可以被有效地扩展。

二、超级用户

所有成功的公司都有自己的超级用户——那些热爱他们的产品、黏性高、对整个用户社群贡献了很多价值的人。在电商平台，超级用户就是卖家；在共享出行平台，超级用户就是司机；在社交网络，超级用户就是KOL（"关键意见领袖"）。

超级用户有多重要？看看三家经营超级用户的公司就知道了。

（1）亚马逊的会员年消费额是1300美元，比普通用户整整多一倍。

（2）好市多单靠卖货不盈利，靠收会员费盈利26.8亿美元。

（3）VIPKID 拥有 20 万超级用户，年收入超过 50 亿元人民币。

2018 年 1 月，得到公司创始人之一的罗振宇在"罗辑思维"的时间年会上提出"超级用户思维"。5 月 1 日，前阿里巴巴首席市场官董本洪正式提出以消费者运营的思路替代流量管理，其中最突出的观点也聚焦于"超级用户"。毫无疑问，"超级用户"成为 2018 年的热词。

留心考察一下"超级用户"的前世今生，会情理之外又意料之中地发现，这是一个炒美国硅谷冷饭的词。这个词，或者说这个营销工具，早就在硅谷被各大公司的 CMO、COO 乃至 CEO 们运用得炉火纯青。

首次提出这个概念的是前美国剑桥集团的一个"学者"，一个以数据洞察消费者行为的营销从业人员。他认为，"超级用户"的运营是企业在互联网红利结束后，都可以借鉴和运用的关于低成本获客的盈利战略。

"超级用户"与普通用户最大的差异点在于心理维度。普通用户只是单纯地购买产品和服务，而"超级用户"不仅购买，还会持续地购买，不仅购买品牌的明星产品，还会有意愿地购买品牌。"超级用户"就是那群对于品牌有着极度热情的"TA"们，热情到以使用这个品牌为荣，热情到见到朋友在挑选同类产品时，能够生动且极富说服力地把该品牌推荐给朋友们。当一个品牌的两个"超级用户"在讨论这个品牌时，围观的人会立刻产生一种"路转粉"的冲动，这就是超级用户的力量。

"销售额 = 流量 × 转化率 × 客单价 × 复购率"，"超级用户思维"的结果就是客单价和复购率，尤其是复购率的提升。

比如迪士尼乐园的超级用户。他们玩遍全球的迪士尼乐园，且不止一遍；即使要忍受排很长很久的队伍，也丝毫不能削减他们对于到迪士尼乐园游玩的热情；他们不怕麻烦，研究出迪士尼乐园的游玩路线，并无私地在网上分享攻略。对于迪士尼乐园的超级用户来说，享受游玩迪士尼乐园的乐趣，完全盖过在消费过程中排长队所带来的"厌恶"。

对于企业而言，可以坦坦荡荡地跟用户谈钱，但有两件事必须注意：

（1）持续地为用户提供价值。对于做企业服务的公司，比如格勤，就是帮助客户更成功，让老板更轻松，让企业更有价值。

（2）让超级用户有面子。要做让用户觉得"长脸"的事情。我们所开发出来的产品功能是不是用户愿意经常性地去使用，用户体验是不是特别好，用户愿不愿意将这个产品推荐给更多的人？

千万别做让用户觉得"丢脸"的事情。要兼顾好老用户的感受，尽可能做到减少对老用户的影响。

全球著名市场调研公司尼尔森的高管艾迪·尹在其新书《超级用户》中指出了超级用户的五大特征：

（1）与传统重量级用户不同，超级用户不仅愿意在某类产品上花大价钱，还对开发产品新用法有强烈兴趣，并且行动力极强。

（2）每款产品都有自己的超级用户。

（3）他们不仅花钱购买产品，还对产品投入感情，他们能从产品中获得更多的意义。从这个意义上讲，每个人都应该是某种商品的超级用户。

（4）他们的识别度很高，大数据以及社交媒体就能帮你找到他们。

（5）他们愿意买更多的产品，甚至可以招来其他购买者。

面向超级用户，春暖花开！

1. 超级用户的概念

超级用户是指在未来有明确意向持续为企业产品和服务付费的老用户。而这种明确的意向，目前主要是通过付费会员或储值会员的方式来筛选并确认的。理解这个定义非常重要，对如何找到并筛选超级用户很有帮助，包括理解和掌握超级用户是怎么一步步培养出来的，以及如何设计超级用户运营体系等。

成为超级用户的3个关键点：

（1）是不是付过费的老用户。因为老用户是已经花过钱的，跟企业建立了基础信任，有了基础才有后面复购，才愿意花钱成为会员，进而成为超级用户。所以，付费是重要的商业手段，也是区分真假铁杆"粉丝"的重要指标。真铁杆一定是掏过钱的。当然，也会有些特殊情况，有用户可能第一次就非常喜欢，然后成为付费会员，升级为超级用户。不过这类相对较少。

（2）是不是愿意持续付费。如果用户有第二次付费的行为，就说明产品和服务得到了用户的认可，同时也说明这些用户是有消费能力的。企业如果能尽早判断这一点，就等于提前知道这些用户在未来是值得重点维护的。

（3）意向能不能提前明确。"明确意向"这一点是筛选超级用户非常重要的环节。如果企业能提前确定谁是"超级用户"，就能有针对性地服务，提升效率，降低成本，越早锁定"超级用户"，越能更多地获取他的价值。明确意向的方式，目前主要是通过付费会员制来实现的。

2. 超级用户的特征

（1）消费频率高，通常是重度用户。消费频率高，说明需求强烈，成为超级用户的动力才大。

（2）消费能力强，非价格敏感型，敢花钱。通常某个产品和品牌的重度用户都是敢花钱的。哪怕是一个穷人，也许他在很多方面非常吝啬，但面对自己非常喜欢的东西，也会倾其所有去购买，所以才有了"卖肾买iPhone"这个说法。消费能力强弱跟一个人是否有钱没有绝对关系，首先取决于喜爱程度。任何一个人都有可能是某类产品或某个品牌的超级用户，他敢花钱，哪怕在其他方面忍受贫穷。

（3）愿意向别人推荐产品或品牌。因为自己认可，同时还获得了特权，人都有炫耀心理。

（4）能够给出更有效的反馈意见，支持产品服务迭代。在小米公司的发展史上，经常会讲到雷军跟100个"米粉"的故事，这是"粉丝"经济的一段佳话。试问这100个"米粉"是不是超级用户？毫无疑问，是的。首先，他们是手机"发烧友"；其次，他们是小米超级用户，他们很可能比小米员工更熟悉小米手机。那雷军为什么不去找普通手机用户？因为超级用户比普通用户对手机要求更高，若他们的意见和需求都能满足，那普通用户就更能满足了。只有超级用户才能真正帮助企业提升产品和服务标准，他们的标准才能带给普通用户极致体验。

所以，产品要做到极致，市场往哪里打，超级用户的反馈最重要。

你身边有没有这样的超级用户朋友呢？或者你自己就具备上述特征之一，那说明你也是某个产品的超级用户。

3. 超级用户的商业价值

超级用户能带来的商业价值有以下四点：

（1）超级用户能驱动企业增长。企业增长主要通过获取新客户增长和维护老客户复购增长，超级用户就是从老客户进化而来。一方面老客户进化为超级用户，消费力将提升5—10倍。比如，京东PLUS会员是非会员消费的9倍，亚马逊Prime会员是非会员消费的2倍，华住会VIP是普通用户消费的5倍，这些数据都足以说明超级用户对企业增长的价值。另一方面，超级用户乐于向身边人推荐和分享。换句话说，通过维护超级用户，企业可以实现零成本拉新，并进一步促进增长。知名市场调研机构尼尔森的研究数据表明，超级用户每增加1%，会带来普通用户增加10%—15%，会促进销售额增长20%—25%。

（2）超级用户战略能留住高净值用户。高净值用户本是金融理财行业的一个名词，指的是有钱的富裕阶层，他们通常是私人银行的潜在客户。这里它代表有消费能力，能给公司创造高利润的消费群体。

今天为什么都讲消费升级？因为用户有钱了，需要更好的产品和服务。高净值用户是给企业贡献最多利润的一群人。一名高净值用户也许抵得上100名普通用户。这些人不怕花钱，他们要求更好的产品和服务。就像沃尔玛的山姆会员店，沃尔玛主打天天低价，但有一批消费力强的用户不满足低价便宜的商品，希望有更高品质、更贴心的服务。怎么办？升级一套服务和产品——就是山姆高端会员店，你还要花钱买会员身份。这样一举两得。从沃尔玛里挑选超级用户放到山姆会员店，就留住了沃尔玛的高净值客户。相信多数企业都有这样的用户，只要努力发现他们，并为他们设计一条升级通道，企业就能得到很多解决问题的思路。

（3）超级用户帮助提高品牌忠诚度。品牌忠诚度最直接的表现就是复购和分享。复购得越多，就代表越认可，愿意分享的概率就越大；分享得越多，又可以反促进你复购。二者是循环促进的。超级用户不仅指一个用户群体，更代表企业给用户的一种身份、服务和态度。当用户接受超级用户这个身份，成为付费会员，就代表彼此愿意建立更持久的信任，品牌就会更牢固，用户流失概率就会更小。所以，超级用户思维是真正回归用户价值来打造品牌。

（4）超级用户帮助企业创造新的商业机会。信任是一切商业活动的基础，没有信任就没有商业。而超级用户恰恰是基于更持久的信任，它比"粉丝"的信任还强。有了这份信任，企业可以改掉原有的商业模式。就拿山姆会员店来讲，它并不像沃尔玛、家乐福、永辉超市等百货超市靠商品的零售差价赚钱，它就靠会员费赚钱，商品零售价与进货价的价差只需要覆盖最低的运营成本即可。比如，同样一箱苹果，进价15元，家乐福卖20元，永辉卖19.5元，那山姆会员店就只卖17元，它只需要覆盖成本即可。这就颠覆了传统超市的商业模式。如果没有超级用户存在，就不会有山姆会员店这样的模式。

4. 哪些企业适合打造超级用户，标准是什么

我们的企业适合做吗？事实上，不是所有企业都适合打造超级用户，或者说还没有具备条件。打造超级用户对产品和企业是有要求的。下面就来跟大家分享两个关于超级用户的内容：

（1）适合打造超级用户企业的特征。按照标准，一般6类常见企业适合打造超级用户。

①线上平台类企业。他们有大量的商品和服务，能满足用户各个方面的需求，用户复购频次很高。比如亚马逊、京东、唯品会、淘宝88VIP、爱奇艺、携程旅行等企业，都属于这个类型。

②线下综合购物超市或卖场，与线上平台类企业类似。比如山姆会员店、沃尔玛、7-11、屈臣氏、红星美凯龙、银泰、万达等企业，都是属于线下综合卖场。

③产品种类丰富的零售品牌。比如无印良品、小米之家、全棉时代、名创优品、优衣库等，产品覆盖不同年龄、层次、用途人群，种类比较多，创造了用户复购的机会。

④食品、餐饮、生鲜水果类零售品牌。通常他们产品消耗快，复购率很高。哪怕产品种类不多，但多因用户需求高频，复购频次很高。比如西贝莜面村、海底捞、周黑鸭、85℃、一点点奶茶、天天果园等。

⑤娱乐、健身、保健等服务性行业企业。比如KTV、电影院、花店、宠物店、美容院、足浴中心等。

⑥知识学习类企业。比如技能兴趣培训、英语培训、中小学生课外辅导、得到、樊登读书会、精锐教育、金宝贝等。学习通常有连续性、关联性，比如你学了这门课，可能还要学那门课；学了初级阶段课，可能还要学高级阶段课，会创造很强的黏性和复购。

（2）低频高价&小微个体户的超级联盟打法。

①低频高价的企业。比如老板电器、喜临门、格力空调、箭牌卫浴、尚品宅配等。

②小微型个体户。比如足浴店、汽车修理店、理发店、洗衣店等。

他们代表两个极端，前者是超低频，后者是规模小。他们也想服务已有用户，创造复购，实现增长。那么怎样打造超级用户呢？这里为大家介绍两种可操作的思路：一个是异业联盟，打造联名超级用户；一个是品类延伸拓展。

手段一：异业联盟

比如老板电器，可以联合喜临门、格力空调、小米、尚品宅配等一起来打造联名超级用户。由老板电器发起，邀请联名品牌共同提供超级用户权益，比如优惠、服务等。老板电器的老用户一旦成为超级用户，就能同时享受这5家企业共同提供的超级服务。如此，用户相对老板电器的产品需求不是高频，但相对这5家企业的产品集合起来，就有高频的需求了。所以，只要他被超级用户身份锁定，未来自家厨房厨具的换新消费，就会首先想到老板电器，而不是方太。所以，通过异业，跨界整合产品服务来吸引超级用户，也就逐渐成为一种趋势。

手段二：品类延伸拓展

对低频高价类企业，还有一种操作方法，就是产品品类的延展。比如顾家家居，它以前的产品都是低频消费的，但随着业务的逐渐升级，增加了"顾家生活馆"零售业务，产品种类一下子从沙发、床垫扩展到、行李箱、餐盘、柜子、杯子等生活居家用品，弥补了用户需求，提升了消费频率，提高了打造超级用户的可能性。

那么，本地小微型个体户如何来利用超级用户思维实现拓客留客呢。比如，足浴店、汽车修理店、玩具店等个体户面临两个问题：第一，有些服务本身就是低频的，比如，汽车修理、洗衣店等；第二，规模小，服务能力有限，只能覆盖店周边几千米。那怎样可以维护好老客户呢？

案例：这是一家汽车修理店，只提供汽车维修服务，也想锁定老客户，减少客户流失，怎么办呢？首先价格战不是长久之计，增加更多的服务项目，比如洗车、车险等，又脱离主营及擅长，风险也会增加。最后该店推出了超级用户服务，邀请老客户花199元成为超级会员，即可享受一年2次免费车检，同时可以享受2次免费洗车，这就完全值199元了。接着还有全年维修九折，提供免费代办车险、驾照审核等跟车相关的增值服务。然后再联合本地餐厅、发型设计室、KTV、亲子教育、电影院等10家商铺，一起提供优惠折扣。这样对本地用户而言，只要他们成为这家汽车修理店的超级用户，除了享受与车相关的服务之外，还同时拥有10家本地商家的特权服务。何乐而不为呢？这样大家共享用户，强化用户留存，一举多得。

目前，这种联盟超级用户越来越多，集体抱团形成超级联盟。这在一些大企业早就开始做了，如加入京东PLUS会员就免费获赠爱奇艺VIP资格，成为淘宝88VIP会员同样就成为优酷黄金会员。这些大品牌除了共享用户外，还有深度的数据合作，彼此赋能，共同增长。

这么一看，几乎所有企业都可以打造超级用户。那些本身就满足复购频率的企业，自己就能推出超级用户计划，而复购有限的企业，则可以利用跨界合作、异业联盟等方式来创造条件，打造超级用户。

5. 用口碑裂变撬动超级用户

VIPKID创始人、CEO米雯娟分享了VIPKID快速成长的秘密：能够取得如今的成绩，主要源于米雯娟始终秉持"不追求所谓的流量，不去盲目扩张，而是沉住气用心打磨产品"的"超级用户思维"，用好产品获得用户认可，用好口碑撬动更多超级用户。回顾VIPKID发展历程，VIPKID的核心是做好了以下几件事：

（1）冷启动：一开始就收费。

（2）不急于扩张，围绕用户体验进行快速迭代。

（3）口碑裂变，产生"杠杆效应"。

（4）不断给用户带来兴奋值和期待感，让口碑持续升温。

米雯娟认为，"超级用户思维"是这件事情背后的道理，也让VIPKID实现了创业的无限可能。

所以"超级用户思维"就是：不追求所谓的流量，不去盲目扩张，而是沉住气，用心打磨产品，一直围绕着我们身边的用户，为他们提供最好的服务。通过良好的口碑产生"杠杆效应"，从而赢得更多的用户。

罗振宇曾经将VIPKID作为"超级用户思维"的典型案例之一。每个用户的客单价、付费意愿、付费能力都很高，90%以上学员家长年收入在30万元以上，续费率达到了95%。用户也都非常愿意做口碑传播，70%的新增用户来自老用户的推荐。

如何做到的呢？方法有以下四个：

（1）冷启动：一开始就收费。通过VIPKID的互联网学习平台，帮助500万—1000万名北美K12老师和中国1.5亿名适名龄儿童，实现高效的联结，在这个过程中发掘出愿意付费的用户。在传统观念看来，互联网应该是免费的，所以，很多人觉得当时建立的这套商业模式不符合互联网逻辑。但在办公室和团队具备条件后，创始人就宣布开始招生。因为她希望能够快速启动、一鼓作气，在试错中调整，而不是无限期地拖延。

对第一批学员，VIPKID选择了一开始就收费，但是上完一个单元再把学费返回去。

对于这段经历，米雯娟曾分享经验说："在第一批老师上课的时候，我们都非常担心。因为这些老师都不会中文，不知道能不能教好中国孩子。而且我们不知道这种在线教育的效果到底好不好，这种模式到底可不可行。在第一堂课上完之后，我们大大地松了一口气。老师讲课的效果特别好，不仅用英语给孩子们带来了知识，还用吉他和歌声征服了孩子。下课后孩子们一直不愿意离开，喊老师回来。

"看到这一幕，我们团队所有人都非常激动，对我们的未来充满了信心。由于我们的产品收到了良好的效果，第一批学员最后全部选择了续费。"

（2）不急于扩张，围绕用户体验进行快速迭代。在创业最初的一年半里，VIPKID并没有去追求流量的扩张，而是把用户的规模保持在100多个。主要精力放在打磨产品上，因为他们必须对自己的产品有足够信心，才能把它推向市场。

刚开始，VIPKID的产品几乎是按天迭代，希望这个产品推出来就能让孩子们更加高效、快乐地学习。

初创期，几个创始人几乎每天都泡在各种"妈妈群"里，和家长聊天，孩子在VIPKID遇到的任何学习问题他们都会在第一时间跟进、解决。所有员工也都是VIPKID的产品体验者，员工只要有孩子，就可以免费上课，这样可以随时沟通反馈使用中遇到的问题。

（3）口碑裂变，产生"杠杆效应"。口碑裂变的根基，是长期的用户价值，是在用户中间构建的信任感、社区感和归属感。如果这个根基做不好，就没有机会裂变。VIPKID被正式推向市场，其实是场意外。但推出后立马获得爆发式增长，则是源自"超级用户"带来的口碑裂变。这种增长模式完全出乎所有人的意料。

当时的情况是这样的：当时一名拥有20万"粉丝"的微博红人在带孩子试听了他们的课程后，将孩子和老师互动的截图发在了自己的微博上，并给了VIPKID很高的评价。接下来的一周时间里，就有几千名家长给VIPKID打了咨询电话。

一旦进入市场，超级用户就基于他们的使用感受，为VIPKID做口碑传播。很多家长不断地在社交媒体上代言、推荐，分享自己的使用感受。这些用户自发地成为VIPKID品牌口碑的放大者和联结新用户的渠道。现在每个月超过70%的用户来自老用户推荐，通过这种方式带来的用户，对VIPKID更加了解、认同、有黏性。口碑的"杠杆效应"在老师招聘的过程中也起到了重要作用。

VIPKID的老师是一个质量非常高的群体。米雯娟说她的老师比市场上其他老师好得可能不止10倍。这对于家长们来讲，是最重要的事情。

因为老师即产品。老师既能够成就一个学生，也能够毁掉一个学生，所以VIPKID一定要挑选到最好的老师。只有让这些老师觉得这家公司没有忽悠我，让他们有一个长足的成长进步、职业收获和稳定的收入，他们才愿意长久地留下来。

VIPKID不仅为老师们提供了比较高的收入，还为他们提供了比较清晰的职业方向和职业归属感。

"在这种情况下，老师们会更积极主动地投入教学中来，给用户制造惊喜。比如，他们会做出丰富的教具、手偶，在万圣节打扮成各种好玩的样子……就像我们去比较Uber和lyft的时候，明显lyft司机更有爱、更开心一点儿，这是由公司的待遇、文化和氛围决定的。

"在老师们对VIPKID有了更高的认同感和归属感之后，他们会积极地在自己的生活中和社交平台去传播我们的口碑。这种口碑效应带来的结果是，目前VIPKID的北美老师中，75%来自相互间的推荐和介绍。"

（4）不断给用户带来兴奋值和期待感，让口碑持续升温。用户眼里的服务"好"，更多的在于你有没有为他持续提供价值。而且随着用户个人水平的提升，产品输出的水平也要不断进步，产品必须和用户共同成长。所以，必须重视用户在每一个环节的体验，才能不断给用户带来兴奋值和期待感，最终使口碑持续升温。

过去家长把孩子送到线下英语辅导班去学习，有一个很大的痛点，就是很难看到孩子的学习效果到底怎么样。而在 VIPKID，孩子自己就能完成预习、课后练习、复习、知识拓展、延伸阅读等学习流程，养成良好的学习习惯，把家长解放了出来，家长会觉得非常省心。

很多家长工作忙碌，没时间看完整的视频回放，VIPKID 便利用人工智能技术，把孩子学习的精彩瞬间剪辑到一起发给家长，让孩子的每一步成长都看得见。

为了提高用户的兴奋感，VIPKID 还运用了很多新技术。VIPKID 通过人脸识别技术，可以观察孩子上课的专注度、开心值和惊喜值。通过这种方式，我们可以分析出教师什么样的行为可以帮助孩子学得更好。还通过互动特效来激励孩子，未来这些效果也可以通过迭代，实现更加个性化的奖励。

VIPKID 打开了一个"从 1 到 100 的可能性"。对于 VIPKID 来说，做这件事情不是为了做一个高端的少儿英语培训机构，更重要的是，它开启了一个机会的窗口。

在后面的章节里，我们还有关于超级用户的补充。

三、增长路径

一个成功的产品虽然能为用户创造新的价值，但在诞生的时候，也不是完美的。产品的成长会经历不同的阶段，不能用同样的策略和步骤来发展不同款式的起步产品。

阶段 1：定义用户的需求

如果你的产品非常成功，那么你的目标受众的行为、理解或情绪会有什么不同？你应该先想清楚这个问题，在产品着手设计或开发前，为你的产品定义一个清晰的愿景。定义用户需求的步骤如下：

（1）确定你要为用户解决的问题。用户的痛点应该是明确的，在大街上随便抓个人都能很容易理解。好的用户痛点反映了用户在日常生活中的理想状态以及对目前解决方案的不满。确认这个痛点确实存在，并且你的公司也非常关心。有哪些现有的行为、工作、研究、数据告诉你这是一个痛点？这是一个浅层需求，还是一个深层痛点？

（2）定义原始目标受众。谁最需要你的产品？谁受到这个痛点影响最大，以及最有可能想解决这个痛点？你的产品功能如果最终能影响到一大波用户当然很不错，但是成功的产品在最开始都是先服务于种子用户的，先让这一小波种子用户爱上它，然后逐步传播开。那么对于你的产品来说，谁是最开始的 1000 个种子用户？

（3）描述一下，如果你的产品成功的话，会对用户带来哪些改变？如果你的产品成功了，用户的行为或看法会发生什么变化？你希望你的种子用户对你的产品有什么心理期望？如果你要针对你的目标受众进行一波营销，你怎么推广你的产品价值呢？

阶段 2：符合市场预期 PMF

PMF 是 "Product Market Fit" 的简写，即产品–市场匹配，简而言之就是，产品和市场达到最佳契合点，创建和迭代产品能够直达用户预期。市面上的产品种类多达千万，市场需求也有千万种，二者重合的条件就是满足市场需求的产品。而要想找到这种产品，关键是确定一个产品假设并尽快得出结论。以下是具体的方法：

（1）使用 MVP 策略。先选出 1000 位种子用户，针对这些人设计一款对他们来说相对体验不错的产品。选择人数较少的用户群，意味着你可以集中于核心需求，更激进地突出你的设计。你的 MVP 必须是一种最小可行的端到端体验。如果这波用户没有抓到你的产品特点，不理解为什么要用、怎么用，或觉得它太慢有漏洞，你就不会在产品假设上获得什么结论。同时，不要把时间浪费在与核心功能价值无关的细小的事情上，比如设计新按钮或标签。

（2）定义成功的指标，确保你的预期目标。你的成功指标应该说明你的产品是否如你所预期的那样有价值。举个例子，如果"使用功能 X 的用户留存保持在 30%"、"使用功能 X 的用户比以前增加了 3 倍"，就说明产品达到了预期价值；反之，如果"只有 m 个用户在 3 个月内使用了此功能"，就说明产品没有达到预期。只有产品具备足够的价值，用户才会持续使用，因此一定要关注这个问题。

（3）得从 MVP 迭代中学到东西，不要企图跳过这步大范围推开。这个阶段的目标是验证产品对一部分用户来说非常有效，或对产品假设有一个清晰的认识。这种心态很有用，有以下两个原因：

第一，目前，产品没有大范围推开并不意味着失败。从 0 到 1 的阶段中，期望我们提出的每一个假设都是正确的极不现实。如果团队能够很好地执行，并且能够快速理解为什么一个特定假设没有成功的原因，那么就应该得到奖励，即使他们给出的建议是将产品关闭。如果你认为我们所做的每一件事都是必须的，那么我们只会尝试保守的想法。

第二，预防过早优化。如果你的产品还没有被证明能盈利或有价值，不要担心。这时候，也不用考虑你的产品与其他投机产品的合作问题，因为这是下一阶段应该考虑的事情。当然，为了不过早地限制了你的产品，也不要假设产品中的任何东西都是不允许改变的。

阶段 3：调和

产品现在已经达到 PMF 状态，你可以抛弃所有约束，推广到更广泛的受众了。

（1）在更广泛的环境中优化产品。你的产品能分享出去还是挺好的，但收入却很糟糕。或者为了确保你的目标受众了解你的产品，你发明了一个其他团队搞不定的新的切入点，或者你的产品大小增加了20%，或者你的产品和其他团队正在测试的产品做了类似的事情，两家同时发布也会挺尴尬。这一阶段可能会让人感到比较艰难，需要大量的数据挖掘、努力工作及跨团队的讨论，但切记，用户并不把你的公司看作产品和组织的集合，他们把它看作一种整体的体验。当你协调不好的时候，你的产品就会变得复杂混乱。好消息是，如果你一直遵循这些步骤到现在，你已经验证了你的产品对你的一部分受众来说真的很有效，这应该会创造一种动力来帮你把它融入更广泛的产品用户群中去。

（2）产品对公司是否有利？重要的是，新产品必须得能增加整个蛋糕的大小，而不仅仅是让你的蛋糕变得更大。如果产品已经将其他产品线的利益蚕食掉了，这些问题的思考就是有价值的，该产品也会在未来释放价值。如果不是，就要进行重新评估，不能盲目推广规模。

（3）提升产品体验。因为在之前 MVP 及 PMF 阶段重点关注产品核心功能，所以你可能对产品的细节体验有所忽视。

阶段4：增长

增长意味着要知道如何才能使产品对更多的人有价值，对老用户更有价值。这是整个团队都想要的结果，但你只有把前面三步都做好了才能来到这一步。那么，如何圈住更多的用户呢？这里介绍一个成功的增长模型：

（1）讲一个关于如何扩展到新领域的故事。你认为你的产品的下1000名用户是谁？你认为谁能从产品中受益，但今天却没有使用它？为了使产品更有价值，你需要在产品中添加什么特性？向新受众扩展的过程可能会有一个周期性，就像回到第一步，需要额外的工作来重新做 PMF 过程。

（2）讲一个关于如何增加使用深度的故事。什么变化会使产品对老用户更有价值？当普通用户第一次使用产品的时候，产品使用体验如何？

（3）继续监控转化漏斗。当你把更多的人塞进了漏斗转化的第一步时，证明你的转化在继续工作，但是你有没有看到在某一阶段的转化率下降了？

四、病毒循环

一旦形成了裂变循环，就会实现指数级的增长。

1. 病毒循环

病毒循环是将产品的病毒性与功能性结合，即公司靠用户来吸引客户并实现增长，只要用户使用了产品，同时也就传播了产品。如同今天的微信，如果一个好友都没有，你会去注册吗？如果没有分享视频的功能，你会用抖音吗？

病毒循环就好比银行账户的复利：1个用户变成2个用户，2个变4个，4个变成8个，直到100万个以上，甚至更多。就好比你手上有1元钱，每天都在成倍增长，一周后就变64元钱，两周后就变成8192元钱，到第30天时，则会变成536870912元钱。

"病毒"一词虽然是从流行病中转用而来，但互联网公司使用这一词却比较多。病毒循环是当今世界上最高效的营销政策，只要打造出人们真正喜欢的产品，用户使用后就会自发地帮助公司成长，用户在使用产品的同时，也在推荐这个产品。

2. 病毒系数

当病毒系数为1时，网络基本人数将会出现线性增加，并最终出现停涨。但当这一系数高于1时，网络用户的人数则会以指数方式增长。

在表 5-1 中，光速创投的风投家、Rockyou 公司的投资人杰里米·刘展示了当病毒系数分别为 0.6、0.9 和 1.2 时，其间的微小差异给人数增长速度带来的巨大变化。初始用户数假设为 10，而表中的"时间"则表示网络成员邀请新用户加入的周期，这一周期通常为 2—8 周。在最开始只有 10 名用户的情况下，当病毒系数为 0.6 时，增长曲线在总人数达到 25 人时转平，可增加 15 名用户。当系数为 0.9 时，在最终获得 75 名新增用户后，增长速度便迅速放缓。但当病毒系数为 1.2 时，在同样只有 10 名初始用户的情况下，我们最终能够收获 1281 名新增用户。

表 5-1　三种不同病毒系数下用户增长数量比较

时间＼系数	0.6	0.9	1.2
0	10	10	10
1	16	19	22
2	20	27	36
3	22	34	54
4	23	41	74
5	24	47	99
6	25	52	129
7	25	57	165
8	25	61	208
9	25	65	260
10	25	69	322
11	25	72	396
12	25	75	485
13	25	77	592
14	25	79	720
15	25	81	874
16	25	83	1059
17	25	85	1281

成功的病毒循环公司通常具有以下共性：

（1）以网络为基础。互联网世界顺畅的流通性是它们从传统生意中脱颖而出的重要保证。

（2）免费。用户免费享用产品，在吸收到数量巨大的用户后，可能会增加各种收入来源（比如提供收费的高级服务）。

（3）组织性技术。用户创造内容，它们只是将这些内容组织起来。便利的组织方式会吸引到大量用户，比如谷歌。

（4）概念简单。上手简单、轻松。

（5）本身具有传播性。用户会单纯为了实现自己的利益而传播该产品，并在此过程中为其建立良好的口碑，吸引新用户（口碑往往被视为最好的广告方式）。这意味着病毒循环产品本身就有自发成长的传播性。

（6）能迅速为用户采用。Facebook发布的第一个月内便吸引了50%的哈佛在校学生，Skype在13个月内就被1200万名用户下载，Hotmail在30个月内便拥有了3000万名用户。它们中没有一家公司在市场营销或推销上花过一分钱。

（7）指数性增长。由于每一名用户都在吸引更多的用户加入，病毒循环公司形成了与普通公司典型的线性发展模式（增长更为缓慢）截然不同的增长模式。普通公司的增长率往往直接受到市场营销速度的影响。

（8）病毒系数。只有在病毒系数大于等于1的情况下，用户数量才会呈指数增长。归结起来，即1位用户变成2位，2位变4位，4位变8位……病毒系数一旦小于1，网络则无法实现自我传播。

（9）可预测的增长率。如果产品是依据病毒曲线模式设计而成的，且拥有一定数量的用户，那么其必将保持稳定的且可预测的传播速度发展。正如流行病学家能够预测病毒在城市中的传播速度一样。

（10）网络效应。网络中的用户越多，希望加入这一网络的人数也就越多。以电话为例，新增用户越多，电话对于已经开通这项服务的客户也就越重要。

（11）堆叠。病毒式网络之间可以互相叠加，每一个网络都能够催生另一个网络的成长（PayPal 和 eBay，YouTube 和 MySpace）。

（12）不可取代点。一旦公司用户数量突破这一临界点并持续保持增长，就很难被其他竞争对手打败并取代。

（13）最终饱和度。当一个网络传播的广度和深度都实现了饱和之后，它便成长为一个成熟的网络，增长速度也将放缓。

五、用户裂变

增长等式：（社交 + 病毒营销 + 传播）× 流量 × 转化率 × 客单价 × 复购率 = 收入增长

在拼多多的招股说明书中，创始人黄峥给股东写了一封信。信中对拼多多的性质是这样表述的：你可以想象它是一个将网络虚拟空间和现实世界紧密融合在一起的多维空间。它将是一个由分布式智能代理网络驱动的 Costco 和迪士尼的结合体。黄峥对拼多多未来的定位：Costco 和迪士尼的结合体，Costco 代表了会员制、低毛利、正品行货，Disney 则代表娱乐和社交玩法。

QuestMobile 的数据分析显示，拼多多典型用户的特征如下：

（1）三、四线城市及以下区域的用户占 59%。

（2）专科及以下学历的用户占比为 68%（比京东和淘宝高了 14%）。

（3）30 岁以下的用户占了 75%，且所有用户中 70% 为女性。

拼多多的典型用户代表了时间相对廉价、对于价格极度敏感、品牌认知度不高、乐于分享传播的女性用户。

增长的背后基于杠杆，裂变增长的三大杠杆是：

增长杠杆1：拉留促转

拼多多能在众人以为电商线上红利已尽的前提下，从大佬口中分得一杯羹，其病毒式的分享团购玩法是关键。拼多多的"团购"流程：商品浏览页面——点击"拼单抢购"——选择规格颜色——进入支付页——点击"立即支付"——进入购买完成页——点击"邀请好友参团"——弹出聊天列表页面——选择并发送。这个流程，便是一个完整的购买和分享的过程。在这样的流程设计下，购买和分享合二为一，成为一个整体。

"AARRR"转化漏洞模型中，"AARRR"这5个字母，分别对应用户生命周期中的5个重要环节，即Acquisition（获取用户）、Activation（激发活跃）、Retention（提高留存）、Revenue（增加收入）、Referral（传播推荐）。参考"AARRR"转化漏洞模型，可发现拼多多的团购流程中，"天然"融入了用户获取、用户激活、传播推荐、提高留存、增加收入这五大环节。

比如收到朋友分享的砍价，提示下载拼多多APP；第一次砍价完成，提示下载；利用低价吸引对价格敏感的三、四线城市用户；下载安装后，不直接引导用户登录APP，以此降低登录过程中的用户流失；在微信生态下，利用服务号推送、开屏礼包和优惠等路径，提高用户触达能力；不设置购物车，让用户在冲动消费场景下快速完成支付动作，缩短购物路径，减少流失率。这样的细节设计，可以尽可能地拉新和尽可能地减少流失。而其中起到"转承"关键作用的，是支付完毕后的"分享"——传播推荐。

拉留促转的核心是用户驱动力。拼多多的裂变增长中，将用户驱动力用到了极致。

（1）助力享免单。老用户邀请新用户下载APP并通过微信或QQ注册，完成后老用户即可免费获得对应商品，新用户获得优惠券。

①老用户驱动力。邀请对应数量的新用户完成注册后，必定免费获得目标商品。活动在特定的商品内（约150个商品）进行，在活动中被免费领取最多的是价值在30元左右、需要1人助力的商品。典型的商品包括创意3D小台灯、感应打火机、加厚不锈钢奶锅、迷你蓝牙耳机、VR眼镜6代等。商品的价格上限在300元左右，最多可邀请7人。

②新用户驱动力。微信好友的情感因素＋可以获得红包。一个原因是这个链接是朋友发过来的，对此链接有一定的信任度，同时基于帮朋友忙的因素下载和打开APP。同时，新用户打开的H5页面，在设计上非常像微信红包，在第一印象上让用户以为自己抢到了对应金额的现金，以此激发用户去下载APP并领取现金。实际上，用户抢到的并非是真的现金，而是现金券和满减券，在文案上，该活动实则有一定的欺骗性质。

（2）砍价免费拿。平台提供特定的商品给用户砍价，砍到0元即可免费拿。每次砍价的金额随机，在24小时内砍到0元用户即可免费获取该商品。同一单一个用户只能砍一次，同一个用户一天只能砍三刀。

①老用户驱动力。将商品砍价至0元时，可免费获得活动内的商品。活动内商品价格以100—300元为主，但砍价成功、免费送出最多的还是以价格相对较低的居多，说明价格较低的砍成功的概率更大。商品的品类主要包括美妆、电烤箱、大公仔、行李箱、便携式榨汁机，可以看出主要针对的是女性用户。

②新用户驱动力。朋友圈好友的情感因素，以及对"砍价0元拿"活动的好奇心。

（3）签到领现金。通过每天签到、分享给朋友、邀请朋友一起签到，均可获得"现金"，金额达到10元及以上方可获得兑换资格。即"现金"可兑换10元（仅第一次兑换的用户）、30元、50元、200元（仅有兑换记录的用户）的无"门槛"现金券。若用户连续14天未登录APP，那么红包余额自动清空。

①老用户驱动力。能够兑换更多的现金券，或获得兑换现金券的资格。

②新用户驱动力。与助力享免单的动因类似，主要是朋友的情感因素+可获得一定数额的现金。落地页对于用户有一定的欺骗性，有被误认为可领取100元现金的可能性。但其实是最高100元，同时给的也不是现金，而是要经过一定努力后才能获得的无"门槛"代金券。

（4）1分抽大奖活动。支付1分钱后，必须分享给朋友，可获得抽奖的资格，同时也可以获得更多的幸运码以增大获奖概率。如果你的幸运码是所有人中最高的，那么必定会获奖。抽奖商品的价格在拼多多上属于单价较高的系列，包括YSL口红、宝马汽车、VIVO新款手机、瑞士军刀、"真羽绒"、华为P20手机等商品。

①老用户驱动力。获得进行抽奖的资格，同时增加获奖的概率。

②新用户驱动力。帮朋友忙，以及本身被抽奖活动所打动，也想参与抽奖。

（5）多多果园。积累水滴种树，果树结果后可免费获取对应的水果。好朋友帮忙点击游戏的链接或组队加入种树行列，可加速收集水滴的过程。同时队友的果树结果了，自己也可获得收益。

①老用户驱动力。邀请新用户下载APP并注册可获得300水滴，帮助小树尽快长大结果后自己可获得免费水果。同时，组队玩游戏也有社交和游戏层面的娱乐因素。

②新用户驱动力。帮朋友忙，同时自己也触达了游戏，可能被游戏所吸引。不妨把每一个增长活动都看成一笔交易。譬如，1分钱抽大奖的活动，用户付出了1分钱的预付金+时间+微信好友的关系（即花时间转发对应的链接给微信好友，以获得抽奖资格和幸运码），那么平台付出了

被抽中的大奖。而两者均获得了一定的收益，抽中奖品的用户获得实物奖励，平台也获得了曝光。而这笔交易之所以能成立且长久，背后是双方都可以通过这件事获益，即共赢。

拼多多的增长活动/策略涉及多个角色及利益相关者的参与，包括平台、用户（老用户&新用户）、商家。这些角色通过拼多多的活动都完成了一定的交易，即付出了一些成本，但也收获了对应的利益。整体上来讲是共赢的，才能使之持续。

（1）对于老用户而言，通过这些活动可以获得物质奖励和情感满足。在物质奖励上，产品初期奖励比较丰富，后续会趋向于让用户的ROI（投资回报率）逐步平衡。对于价格敏感的老用户来说，获得相应的"小利"也是有吸引力的。

在情感满足上，活动也具备一定的娱乐性和社交性，在某种程度上也可以达到满足用户消磨时光、与朋友进行互动的诉求。譬如，拆完了50块钱的红包并提现了，与好朋友一同种的树结果，可以领取免费的水果，这些都是有惊喜感和参与感的事情。而拼多多也逐步拓展娱乐化的层面，譬如近期推出的天天果园、寻宝游戏、养猫等游戏项目，不仅给用户带来了娱乐性，同时也承担了促活和拉新的功能。

（2）对于新用户来说，我们要分析的问题就是，为什么他们愿意下载并注册拼多多的APP？

①熟人的信用背书。根据QuestMobile和企鹅智库的研究，拼多多近60%的用户都是三、四线城市及以下的用户，熟人社交传播是三、四线城市用户下载APP主要驱动力。究其原因，一方面是他们缺少获取信息的其他有效渠道，主要还是以朋友和亲人的分享为主，而另一方面在于背后的"信任感"。

②新用户进行下载和注册APP会获得奖励。拼多多为新用户提供的

奖励分别有"6元现金券+6元满减券""满50减10元的现金券""10元的红包"（需要邀请好友拆完10元才能获得），参与1分钱抽奖活动，参与砍价免费得的活动，参与天天果园的游戏，等等。平台为新用户提供的这些激励均是不能直接使用的，需要用户完成一定任务或购买一定的商品才能使用，整体来讲并不算"诱人"。但需要提及的是，拼多多在触达新用户的落地页上多次使用有误导性的文案，也存在用户误以为奖励很大而去下载APP的情况。而对于这一点，三、四线及以下地区的用户的容忍程度相对是较大的，即使发现之前被"骗"，进来看到APP内有"新人1元购"等活动时，可能还是会感兴趣。但一、二线用户对此容忍程度是较低的。

增长杠杆2：自传播

自传播是拼多多产品设计的核心。

（1）低价。"五环以内的人不了解拼多多。"黄峥在接受媒体采访时曾这么表示。拼多多招股说明书显示，截至2018年3月31日的过去12个月内，公司平台活跃消费者数量达到2.95亿人，活跃商户数量超过100万家。其2017年和2018年第一季度GMV（Gross Merchuredies Volume的简称，即一定时间段内的成交总额）分别为1412亿元人民币和662亿元人民币（约合106亿美元）。截至2018年3月31日，拼多多活跃买家用户为2.95亿人，其移动应用的月度平均用户数为1.03亿人。这近3亿人的活跃买家到底是哪些人？

极光大数据显示，拼多多用户中只有35%分布在一、二线城市，而京东的用户则有近50%分布在一、二线城市。相比京东和淘宝，拼多多的用户主要集中在三、四线城市，低价成为其核心吸引力。9.9元特卖、9.9元包邮……"9.9"成为拼多多吸引用户的必杀技。12元钱30卷的卫生纸、9.9元的5斤装猕猴桃、29.9元的牛仔裤……这些都是拼多多APP上常见的商品价格。

据统计，拼多多平台部分商品的团购价、单买价普遍低于市场价，最高优惠比率在17.5%—68.2%。黄峥接受媒体采访时曾表示，20—40岁的妇女构成了拼多多的主力消费人群。确实，从拼多多"热销"品类中便能发现这一点：女裙、抽纸巾、床品三件套、中老年无钢圈文胸、旋转拖把桶等商品占据热销榜。

（2）0元购。这是拼多多的用户数能够轻易达到3亿的核心增长引擎。我们来看看0元购的核心流程：收到好友砍价链接——点击参与——引导用户发起自己的砍价链接——分享给其他用户。

这个流程是从老用户——新用户——新用户——新用户不断地正向重复做一件事，即利用"砍价分享"这个场景，将拼多多不断扩散，推给周围没有使用过的新用户。只要有新用户点击进来帮忙砍价了，那么通过引导，又可以让他成为推广拼多多的"老用户"……如此循环，将拼多多成功推向了三、四线城市。

0元购只是一种形式，分析其本质，为什么这种分享模式可以成功呢？

一是用户定位。三、四线城市客群大部分未被开发，且多为熟人社交。首先，三、四线城市用户一直是淘系、京东等电商平台很难切入的一个客户群，因为本身这部分用户的网络渗透率不高，淘宝、京东对于他们而言有一定的使用"门槛"，因此拼多多才可以这么容易占据用户心智。其次，三、四线城市的社交圈层相对固定，所以基于熟人社交的背书作用，拼多多的推广能起到很好的效果。

二是决策成本。0元购，意味着不需要花钱。相比起拼团模式，0元购更加聪明的一点在于不需要自己掏钱，那么对于用户而言，决策成本几乎为0。因为在三、四线城市的熟人社交圈里，社交货币是很廉价的，极低的决策成本保证了这个循环可以被无数次地循环裂变。

三是渠道。"群组内分享"的模式精准击中了用户属性相似的客户群，提高了曝光—拉新的转化率。基于微信生态下的群组，相比淘系平台更有利的特点是：群组内的用户在用户属性上具有一定的相似度，比如，他们都是三、四线城市用户，那么他们喜欢的商品有更大的可能性是类似的，这也提高了曝光—拉新的转化效果。

（3）拼团。上面提到0元购，但你要知道那只是拼多多用来拉新的途径，将每一个新用户都变成老用户，但这部分用户实际上并没有在平台上付费。如何将他们转化为付费用户，拼多多设计的产品功能是"拼团"。

其实拼团的本质和0元购一样，都是让用户利用自己的社交货币去获得价格优惠，循环裂变起来。拼团流程为：商品浏览页面——点击"一键开团"——选择规格、颜色——进入支付页——点击"立即支付"——进入购买完成页——点击"邀请好友参团"——弹出聊天列表页面——选择并发送。至此，完成一次购买并分享的过程。

增长杠杆3：平台赋能

流量即市场，而拼多多则搭上了微信生态流量的顺风车。2018年2月，腾讯与拼多多达成战略合作，拼多多获得了微信钱包的入口。根据战略合作协议，双方合作还包括支付解决方案、云服务和用户交互、行政资源等方面。

第二部分
无裂变,不增长

第六章 裂变营销

一、裂变逻辑

1984年,纽约的6000辆地铁列车上,几乎每部地铁从里到外都有涂鸦,车内脏乱不堪,满地垃圾。地铁上的犯罪、逃票事件的发生更是家常便饭,而且地铁几乎每周都会发生一次脱轨事件。这些现象让当地的交通局头痛不已,每年损失高达1.5亿美元。

交通局决定彻底整治,于是开会讨论如何降低逃票现象和犯罪率。有人说增加安保人员,有人说更换检票匝道,还有人说派武装警察……在具体实施后发现,这些举措对现状没能带来丝毫的改变。

一位新领导上任,说:"我们现在只做一件事,那就是保持车内清洁,把所有涂鸦和车内垃圾全部清理掉。"后来,随着车厢的清洁和涂鸦的消失,犯罪率竟然在持续降低,逃票现象几乎得到了根治。

为什么清洁可以遏制犯罪率和逃票现象呢?这就是一件事的引爆点。詹姆士·威尔逊和乔治·凯林提出的"破窗理论"告诉我们,破窗理论其实就是一件事情的引爆点,只要找到一件事的引爆点,就能控制事情的成败。引爆点效应不仅能够推进一件事情快速成功,而且能够轻松引发"多米诺骨牌效应"。

1. 引爆点三大要素

（1）谁决定了传播速度？任何事情的发酵都离不开传播，但不是谁传播都能引起事件的发酵。就好像引爆明星事件的永远都是记者，为什么呢？因为他们就是干这行的，大家都相信他们很专业。所以，引爆第一要素就是特定身份的人。那么，哪些人可以决定传播的速度呢？

①找到你的媒介人员。任何一次引爆在很大程度上都是人为的。但是，是否能够引爆则取决于这个人的社交力量。比如媒介的核心人员。传统的有报纸电视，现代的有大V、小V……这些关键的媒体核心人物就是传播影响力的主导。因为他们每个载体代表的都不是一个人。所以明星会引发各种流行。这就是媒介中心的传播力量，也是我们要找的第一种人。

②找到你所在领域的专家。专家出来讲的话，即使不是其本身的领域，多数人也会信上几分，就连广告也会应用专家的潜在影响力。找到所在领域的专家出来为你传播消息，效果堪比媒体。

③找到你的销售员。我们经常看见各种形式的销售，微信、电话、大街上、上门等。销售在任何机构中都不可或缺，甚至在互联网时代，许多企业还把消费者变成了自己的销售人员。比如你买了一个产品，商家跟你说："如果用得好，欢迎你推荐给朋友，我们会给您返佣金。"

所以，销售就是要找到第三个关键人物，只要能引起全民营销，引爆就容易了。

（2）信息传播引爆的关键点在哪里？其实它就像一种寄生虫，离开了宿主，也就失去了活下去的养分。所以，任何信息的传播都需要依附于某个事件。比如要传达一种观念，赤裸裸的告知或许没有多少人能够记住，可是明星王宝强的离婚事件却能告诉我们大家价值观是什么。同样，所有事件的引爆，也需要找到自己信息的附着点。

①信息传播的寄生宿主。如果想让孩子爱上学习，或想让自己爱上学

习，就去找一个榜样。让榜样成为爱上学习的行为影响根源，而不是苦口婆心地教导或天天喝"鸡汤"。电影需要借助开拍仪式、杀青宣传等事件营销，这些事件就是消息的寄生宿主，离开了宿主，消息将没有任何价值。就像一件衣服，即使再华丽，如果没人穿，无论如何也不会有价值，更不会引起任何潮流。消息就像一件衣服，必须找到适合穿它的人，才能成为引爆的关键要素。这个人就是消息的寄生宿主，也是消息的附着点。

②被包装后消息的传播力量。消息能否快速传播引爆，关键就看消息附着点的宿主是谁。比如为了传播，打算如何包装这个消息，是用人？节目？事件？还是用其他载体来作为消息行走的工具？

③信息传播的时机选择。信息爆炸时代，信息传播选择的时机可以决定一件事情的成败。比如八卦信息，在晚间或下班路上传播效果比较好；学习，则是早上上班前，或晨起时刻。

信息具备什么样的属性，就意味着在什么时候传播。时间对了，事情自然就对了。

（3）环境是触发引爆点的关键。小时候，我们都听过"孟母三迁"的故事。为了让孟子得到一个好的学习环境，孟母从墓地旁的村庄迁居到自由市场附近，最后迁居到学习氛围浓厚的学堂附近。

我们都知道孟母的良苦用心，这样大费周章的搬家只是想让孟子能够获得好的学习环境，交更好的朋友，但我们不知道"孟母三迁"却是引爆点的第三个元素，即环境。人们对环境的敏感度远远超出我们的想象。到了一个新环境，自己受欢迎或被排斥，人们马上就能感觉到，可见环境可以左右一个人的价值观。比如，儿时的生长环境足以决定一个人的性格。

对于引发一场浪潮而言，环境的选择将决定你会影响谁，也就是你的受众是谁。如果选择校园，那么受众就是学生；选择老年活动社，受众就是老年人。所以，有什么样的环境就会有什么样的消费受众。

环境除了决定受众是谁之外，环境的选择失误也足够毁灭任何东西。比如，小区里有几辆车窗户是坏的，用不了几天，车窗户损坏率会大幅度上升，这其实就是"破窗理论"。

2. 资产杠杆化：用杠杆资产取代实际资产

在富足的生产要素领域，企业可以用杠杆资产来取代实际资产，而在稀缺的关键要素领域，企业需要自己拥有资产。所谓杠杆资产，就是用租赁、共享或借用资产的方式来使用资产。

以低成本获取技术和工具，这是让世界各地的个人和小型团队获得发展动力的一项重要机制。企业需要杠杆资产，也就会存在杠杆资产供应商或平台，两者相辅相成。

员工可以被看作企业的资产（人力资产），按照杠杆资产的思路，员工也可以杠杆化，借助外部的人力资源为企业服务。无论员工多么有天赋，多数人都很有可能迅速过时，并失去竞争力。

在过去（稳定的工业生产环境），拥有庞大的劳动力可以让企业独占鳌头，实现更多的价值。但如今，同样庞大的劳动力却可能成为一只沉重的锚，阻碍你的灵活性，降低你的速度。因为现在的商业环境变化非常快，更新非常快，而人的知识和技能更新速度则比较慢。

公司存在的本质是降低市场的交易成本，只要市场交易的成本足够低，交易就不会发生，公司就不会存在，只会存在个体间的市场交易。工业时代市场交易成本很高，交易过程需要经过寻找好的产品、询价、谈判、成交等一系列手续，公司发挥着重要作用。大型公司之所以做得更好，是因为它将资产聚集在了同一屋檐下，降低了交易成本，使生产创造的价值远高于成本。

举一个例子。如果把一张纸对折再对折、再对折，对折50下，最后的厚度有多高？很多人认为不会高过10米吧。事实上，将一张纸对折50

次，其高度远超地球到月球的距离。

我们可以算一下：一张纸的厚度是0.08毫米。乘以2的50次方，最后算出来是：

0.08mm×（2^50）=90071992547409.92mm ≈ 9000万（千米）

远超过地球到月球的距离（地球到月球的距离约为38万千米）。

（1）"上瘾"。我们如何影响他人的行为决策？这里有一个特别重要"能力—触达—意愿"模型，三者缺一不可。打个比方，手机响了，但是机主没有接，原因可能有哪些？

能力：找不到。手机一直在响，但是找不到。

意愿：没有意愿接。一看是房产中介的，不接。

触达：没有触达。手机设静音，铃没响，所以没触达。

（2）诱因。如何把一个低频事件和高频事件结合起来？最精彩的案例就是美国的Kitkat巧克力。

Kitkat刚出来的时候根本卖不动，销售人员就去观察购买了Kitkat巧克力的人都是如何吃的。后来发现，吃Kitkat巧克力的人都是和咖啡一起吃的，左手拿咖啡，右手拿巧克力。于是，Kitkat据此做了一系列广告。

第一条广告镜头是：一个人拿着Kitkat走到镜头里面说："我的咖啡呢？"然后就走了。

第二条镜头是：一个人端着咖啡进来说："我的Kitkat呢？"

两条广告反复播出。后来，美国人只要一端起咖啡，就想去找一块Kitkat，拿起Kitkat就想找咖啡。这就叫作跟高频事件的结合。

（3）情绪。整天在朋友圈发很多东西，有的转发率很高，有的转发率很低，原因在哪里？人的情绪有两个维度，共四类：积极和消极，高唤醒和低唤醒。

当中国工程院院士钟南山从国家主席习近平手中接过共和国勋章时，朋友圈刷屏了。为什么人们要转发这条信息？因为钟南山敢医敢言，勇于担当，挽救了无数生命，它给人们带来了崇高感，让人们觉得了不起。崇高、感动等都属于积极高唤醒的情感，都容易被转发。

积极低唤醒的情绪，比如舒服、惬意、美好。今天跟闺密一块儿逛街，吃了很多好吃的，这种没人转发。

消极高唤醒的情绪，比如担忧、愤怒、恐惧。这些是大家特别愿意转发的东西。比如你家的猫死了，这些东西人们是不愿意转发的。

（4）可视化。一样东西能够流行起来，一个非常重要的原因就是必须能够被看见。想要呼吁大家接受包容艾滋病患者，这种理念不容易流行起来。但是，加一条红丝带，很快就会流行起来。加一条红丝带就是可视化的过程。

这里提一个概念叫作消费"消费者的行为剩余"。消费者购买你的东西以后，别让他白买，再消费他一次。比如麦当劳，卖完东西后给消费者一个设计得很漂亮的纸袋，让他拎着走，让所有人都看见，一路上在帮它做广告。

中国人卖肉夹馍，是被一个塑料袋装着的，完全看不到品牌。外国人最擅长做的就是消费"消费者的行为剩余"，也就是我们说的让品牌"可视化"。

3."清单革命"——找到关键管理节点

用清单进行管理就是找到关键的管理节点进行管控。当一件事情的复杂程度已经完全超过一个人能力的时候，就要学会抓住关键节点。

巴基斯坦城市卡拉奇有一段时间疟疾盛行，很多人研究如何解决这一病疫。有人说要重修下水管道，但是修下水管道要花很多钱，怎么办呢？最后专家找到一个关键环节：给大家发香皂。每家每户每个礼拜发一块香皂。就这么一个举措,整个卡拉奇的腹泻情况下降了60%。

为什么香皂是一个关键节点?因为卡拉奇的人从此开始重视卫生这件事情了,不光是用香皂来洗手,整个城市的卫生情况都在好转。

找到关键节点,是一家公司能够产生裂变效应的前提和关键。以日本积水地产公司为例。它聚焦于住宅,在1970年首次推出工厂化生产组合式钢结构住宅,1987年推出组合式木结构住宅,即住宅产业化。其中80%的建造环节都可以在工厂完成,生产房屋构件只需要几分钟,现场打桩只需要3个月。尽管经营利润率只有10%左右,但凭着高周转,其过去10年平均总资产回报率达到40%,如果考虑财务杠杆,净资产回报率会更高。而传统开发销售周转率只有0.6倍、0.7倍,回报率低于10%。

二、裂变策略

1. 转介绍裂变

所谓转介绍,也就是口碑传播。首先是客户对你的服务或者产品非常满意,然后,他们会向自己的亲戚朋友介绍你的产品或者服务。由于是熟人介绍,他们彼此比较信任。这样,你的客户群就会变得更大了,你的效益就会更好。客户转介绍是开拓客户的最主要方法,具有耗时少、成功率高、成本低等优点,是销售人员最好用的优质客户扩展手段。转介绍是世界上最容易的销售方式,如果想增加销售量,你必须让你的客户变成你的销售人员,帮你介绍客户。

(1)让客户转介绍的最佳时机。

①当客户购买你的产品的时候。

②你为客户做了一些事情,客户对此表示感谢或赞赏之时;你的产品

和服务得到客户认可之时，就可以向客户提出转介绍要求。

③你的公司有活动、福利的时候。

可以使用这样的经典话术：

"感谢您信任我公司的产品，像您这样的成功人士，周围一定有不少朋友也需要我们的产品，所以请您帮我做引荐。您放心，如果他不愿意买，我一定不会勉强的，您看怎么样？"

（2）做好客户转介绍的注意事项。

①服务比客户预期的还要好一点，诚挚地为客户服务，客户满意了才愿意给你介绍。

②要让客户对你的产品和服务价值了解多一点，这样客户转介绍出去的价值也会更多，成功率也会高很多。

③让客户在转介绍中得到的利益多一点，拟订客户服务计划。设计一个回馈客户的方案，是吸引更多客户转介绍的好方法。

④不要轻视客户人脉的力量，不以客户消费多少论价值。诚挚地为客户服务，并且坚信得到转介绍是理所当然的事。

（3）用户推荐常见形式。

①推荐补贴。这种方式在各类电商平台和互联网金融平台中比较常见，一般分单向补贴和双向补贴。单向补贴是只给介绍人进行奖励补贴，双向补贴是介绍人和新人双方都可以获得奖励补贴。

②社交用户邀约。通过邀请用户进行产品体验，既可以为产品推广做出帮助，又可以根据体验者的反馈进行产品优化和提升。

③内部内容分享。要根据产品内部逻辑的规划，比如说内容型平台需要进行内容分享，创造多样化的分享手段，让用户更愿意接受。除了内容型产品以外，很多产品本身也存在分享需求点，要注意提示和引导。

④实现分享拉新。分享只是获取新人的第一步，实现引流，获得更多的客户才是最主要的目的。所以，要让你的产品推广出去，需千方百计地让用户自愿去分享，利用转介绍的方式获得低成本、高效率的成果。

（4）不同类型客户的应对策略。

第一种客户：不要任何好处就给你转介绍。这种客户很喜欢出风头，好表现自己，喜欢荣誉。那我们就抓住每次机会，让他好好地表现一下自己。比如公司开产品说明会的时候，让他上台讲几句话，然后给他颁个荣誉奖，多给他表现的机会，让他尽兴。但这种很忘我的客户是很少的。你如果遇到这种客户就太幸运了，这就是所谓的黄金客户。

第二种客户：很现实，要金钱上的好处。可以很直接地跟他谈怎么给他好处。只要你的条件让他满意，他在利益的诱惑下会很卖力地给你转介绍，同时量不比第一类客户差。其实现实中这类人很多，就怕他不跟你明确提出来要好处，也不给你介绍新客户。有部分人会主动跟你提出要好处，那就好好地把握，让他满意，这样你的工作就轻松多了。

第三种客户：既不要荣誉也不要金钱。这类客户给你介绍量不大，不会很用心地给你介绍新客户。可能成功介绍几个客户后，就会婉转地告诉你，他有什么困难一直没解决，希望你能帮他个忙。如果你拒绝或者说你办不了这件事，他可能就跟你翻脸；如果你把他要你帮忙的事做得令他很满意，那么他会记住你、感激你，会一直跟你保持这种关系。只要你维持好这种关系，他会一直给你转介绍，尽管量不大。

第四种客户：什么要求都没有，单纯和你交朋友。他给你转介绍，纯粹是出于朋友之间的关系给你帮忙。他不会专门给你转介绍，只有遇到合适的才把这个人转介绍给你，遇不到就算了。这类客户你要好好地跟他处关系，不要把他当客户，要把他当朋友。

2. 邀请裂变

邀请裂变是从现有的忠实"粉丝"进行的裂变，通过老客户的信任让他们介绍更多的新客户。

一个女孩开了一家奶茶店，通过邀请裂变，年收入超过 100 万元，她是怎么做到的？

开业的时候，她创建了微信个人好友加人，将不同的人拉入不同的微信群，给他们一些优惠；拉人进群，10 个可获取买一送一的奖励。怎么样才能证明他是让人拉进来的呢？以截屏为证等。进入群里的消费者消费一次后，也可以享受拉人进入群里的优惠政策。人越来越多，员工都忙不过来。一家不到 80 平方米的小店铺需要 16 名工作人员，年收入超百万元。

此外，还有砍价。

对于砍价，相信多数人都不会陌生。在拼多多的获客手段里，砍价仅次于拼团，是非常有效的拉新方式。不过，砍价并非只存在于电商领域，知识付费和教育培训领域同样存在。

砍价的基本逻辑是：用户看到砍价类产品时，可以自己砍一刀，然后发起砍价邀请，请好友帮忙砍，直到砍至目标价获取产品。在砍价的过程里，帮砍者既可以转发拉其他人帮着砍，也可以自己发起砍价。

砍价裂变的根本动机就是，低价刺激引起的贪小便宜心理。

3. 拼团裂变

拼团裂变，也就是邀请者与被分享者组团享福利。

拼团裂变是对有共同需求的消费者的一个集中，通过他们共同的需求进行裂变。比如，需要通过集合 100 个人才可以一起购买。但是现在只有 50 个人购买，就需要另外 50 个人，想要购买的那 50 个人去邀请人们一起购买这个产品。集满 100 人后，就可以一同购买了。这个模式就是拼团裂变模式。

为什么要拼团？为了获取更多的流量。如果你是决定购买的主要决策者，就需要将所有人加入微信，通过一番细聊，决策消费者是否购买产品，继而通过消费者决定购买时进行裂变。

怎么做拼团裂变呢？从产品角度来看，一次完整的拼团流程至少要包含以下几个元素：

（1）可开团商品。如果想灵活配置，后台就要针对某个商品设置拼团开关，开启则代表该商品可以拼团购买。

（2）拼团达成人数。凑够多少人，就能满足拼团成功条件。通常加入拼团，要注册登录，也是一种拉新手段。

（3）拼团达成后价格。达成拼团条件后的商品售价，价格可以为0元。

（4）拼团时限。拼团是有成本的活动，务必限制一次成团时间，建议以24小时为基准，超时则拼团失败。

（5）拼团状态。包括可开团、开团中、已成团、开团超时失败。

（6）拼团发起人。指点击"开团"按钮的人，由他发起邀请，分享给好友，让他人加入拼团。

（7）拼团参与人。指看到邀请拼团页面，并加入拼团的人。加入拼团后，可以作为"团员"，再邀请其他人加入。

4. 分销裂变

分销裂变，即发展下线赚取佣金。广义上的分销，可以理解为用户自传播，与企业在视频平台、地铁及电梯中投放的分众广告获客方式有很大的差别。

分销，是一种用户自发传播方式。触发用户这种行为的原因有两个：

（1）用户自驱动。想达到目的，前提是产品比竞品足够好，替代性弱。产品触达用户痛点，并在某个圈子内形成口碑，用户就会主动向有同样困扰或兴趣的朋友推荐，通过社交关系网进行传播。比如，票房口碑双丰收的电影《我不是药神》，由当时引发热议的"药侠"陆勇事件改编，加上王传君辞演《爱情公寓》，吸引关注度，获得一批种子用户。

（2）外在奖励驱动。当产品的可替代性较高时，想要达到分销目的，外在驱动就十分重要了。否则，凭什么向别人推荐你？邀请奖励、邀请复活等都是外在驱动的好实例。以邀请奖励为例。

对于发出邀请人来说，决定他是否会发出邀请的动作有两个因素：

一是成本（Cost）。发出邀请需要付出哪些成本？

二是奖励（Reward）。我能得到什么，与我付出的成本相比怎样？收到邀请的人会付出什么，得到什么？会不会影响我们的关系？那我什么时候才能收到奖励？会不会兑现？

5. 众筹裂变

众筹裂变，即邀请好友帮助得利。

（1）多人助力。这是众筹裂变最基本的方式。简而言之，就是用户扫描被分享的二维码后关注公众号，或进入小程序，分享者会收到提醒。当符合要求数量的好友完成扫码关注公众号或进入小程序的动作后，分享者就会获取相应的标的物。在这个过程里，好友扫码关注公众号或进入小程序的动作叫作助力。这种方法简单地体现了众筹裂变利用人们间彼此认同的心理，再加上利用此活动多数是福利或稀缺性的东西，被分享者因为贪心或刚需而参与，就会形成二级、三级直至更多级的裂变。目前，多人助力的模式已经被大量应用，无论是营销工具服务商还是企业自研产品，都把它作为最基本的获客手法之一。

（2）1元解锁。1元解锁是在多人助力基础上升级的方法，由某教培行业的龙头推出，威力非常大，引起裂变圈和教培圈很大关注。这种方法的基本原理和多人助力一样，不同之处在于在裂变之前增加了付费环节，付费获取的是整个标的物的一部分，剩余部分用助力的方式低成本获取。1元解锁的助力条件不是简单地关注公众号，而是被分享者付费购买标的物未裂变的部分。这样设置有一个好处，就是能更容易地让被裂变来的用户留下来，并更好地促使其接着裂变。因为人们都有占便宜的心理，已经低成本获得了一部分，剩下的只需要拉两个人就能获取，只要标的物整体价值足够大，就会让其付出裂变的行动。此种方法可以一试，却有一定技术"门槛"，目前还没有第三方能提供这个裂变工具，已经采用此模式的大都是自研系统，有一定壁垒。

（3）攒码抽奖。随着裂变的兴起，抽奖裂变逐渐成为主流方法之一。大概路径是：用户扫码关注公众号——弹出话术和链接——点击链接进入H5——获得一个抽奖码并提示获取更多抽奖码——获得海报——分享——好友扫码后自己获得一个抽奖码——进入裂变循环。这里，用户为了能抽到更高奖项，只能通过分享，拉更多的人关注，而好友因为信任则会帮助他也得到一个抽奖码。为了保证这种抽奖形式扩大范围，也需要在奖品上下一番功夫。首先要多，其次要贵，最重要的是稀有和符合需要。

（4）集卡有礼。集卡裂变最早是支付宝的集五福，后来随着小程序风口的到来，集卡这样的方式才逐渐兴起。对于集卡裂变来说，逻辑和抽奖裂变基本相同。不同的地方则是每个抽奖码均可兑奖，而卡片（或拼图）则需要全部集齐全才能参与抽奖或拿到标的物。一般集卡的玩法是：拉新一个人获得一张卡，达到数量要求，就能得奖。再丰富一点儿，可以在参与时或购买其他产品时获得卡片。

三、裂变活动

1. 决定裂变成功的因素

一个优质的裂变活动不仅能实现一个短期目标，还有更大的价值等待我们去挖掘。决定裂变活动成功的因素主要有：

（1）明确裂变活动的目的。举办一场裂变活动时，要确定该活动的目的是什么。一般裂变活动目的有三个：拉新、促活、提升转化率。

不同的目的，举办裂变活动的方式也不同。

①拉新。以拉新为目的的裂变活动，除了丰厚的奖品诱惑以外，还要设置拉新机制，通过"老带新"的形式，保证用户的留存率，用社交关系进行"制约"，同时保证新老用户的黏性。

②促活。裂变活动一定要体现出老用户的重要性，可以设置老用户专享活动，通过明显的活动力度对比，让老用户体验到特有的福利。还可以设置各种召回机制，利用用户之间的社交关系来召回流失用户。

③提升转化率。提升转化率就是让用户落实购买行为，裂变活动可以从两个方面实施：一方面是增加产品稀缺性，通过限量、限时秒杀、季节限定等活动提升转化率；另一方面是折扣优惠引诱，通过折扣、领取代金券等活动促进用户消费。

（2）根据需求策划裂变活动。

①获利型裂变活动。获利型裂变活动适合于提升转化率。这种玩法通过在价格上让利，使用户热衷于"薅羊毛"，从而促进消费，最后达到提升转化率的目的。

②竞争型裂变活动。比如支付宝答题瓜分千万积分活动就是利用用户的好胜心，PK获胜的方才能进行升级，使用户不断进行挑战，参与活动。

③情怀型裂变活动。情怀型裂变活动有助于召回流失用户。例如，肯

德基的"回到1987"活动就是将两款老牌产品价格下调至1987年的价格，通过怀旧博眼球，再通过"我有炸鸡，你有故事吗"这个话题进行互动，削弱了促销活动的商业性，让客户更容易埋单！

（3）做好裂变活动预热推广。裂变活动预热推广是决定裂变活动能否成功的关键，不做预热推广，再好的创意也不会有人参与。在做裂变活动预热推广时，举办方要运用自有平台，因为自有平台的"粉丝"大部分都是产品的忠实使用者，对活动的宣传起着重要的作用。对活动进行宣传时，还要学会借势。

"裂变"一词，通常都是跟"核裂变"结合在一起，但当它与营销活动结合在一起时，裂变营销也会爆发出跟核裂变一样的威力。裂变营销成本低，效果持久，影响大，因此经常被运用在营销学里。

2. 如何成功地策划一场裂变营销

裂变营销整合了关系营销、数据库营销和会务营销等方法和理念，要想成功地策划一场裂变营销，就要从以下几方面做起：

（1）明白客户群体需求。要想让客户群体帮你传播，首先就要有一个利益点。不同群体有不同的利益需求。例如，底层群体的利益点最直接的就是金钱，中层群体就是面子、正义感等精神层次的利益因素，高层群体就是价值感。只有搞清楚客户群体的真实需求，对症下药，才能保证裂变的成功。如果客户群体都是富人，想通过5元钱的红包让他们帮你宣传，就拉低了他们的身价，自然不会成功；相反，通过几元钱的红包裂变出一批人，想卖给他们奢侈品，也会得不偿失。

（2）设计裂变流程。流程的设计最好把活动路径图画下来，比如用户在哪里参与活动，如何参与活动，每一个步骤都要画下来，清楚地知道每个环节如何实现。

（3）传播方式便捷。裂变营销需要突破的一个点就是有可操作性。操作方法必须符合操作性强、适应面广、简单、易学、易教、易复制的特点。所以，在设计裂变营销的过程中，要把传播方式设置得让客户便于传播。

结合做活动的经验与裂变公式，发起一场刷屏的裂变活动之前，要准备下面这些东西：

①明确活动目的：是"涨粉"、引流、卖课程、卖产品还是单纯曝光。

②确定活动奖品：选择一份现有的奖品来吸引你的用户。

③梳理活动流程：用户如何参与活动、如何分享、如何领奖等。

④选择工具配合：是自己开发，还是使用市场上的工具？比如，任务宝、集合派、进群宝、WETOOL等。

⑤设计裂变海报：让用户看到海报后无法拒绝你的活动。

⑥传播的种子用户：主要用于让活动裂变的第一批种子用户。

3. 裂变活动存在的封号风险及规避

微信流量的三大优势是：月活用户超过10亿，关系网密集的社交流量，还未被开发的流量蓝海，即使只具备一个，也能让众多企业趋之若鹜。当三大优势集中在一起时，也就更容易引得企业齐聚微信哄抢流量了。

可是，在哄抢流量的时候，很多企业只想抢占更多的客户资源，却忽视了社交平台关于公众号运营的相关规则，造成了被封号的尴尬局面。

如何才能顺利地通过公众号打开社交平台抢占社交流量呢？首先就要避开裂变活动存在的封号风险。

（1）杜绝拼凑，坚持原创。公众号文章想要申请原创很不容易，但是也避免不了部分企业将几篇文章拼凑成一篇文章，或"洗稿"的操作，让公众号原创校验不出来。这样的行为，一旦被原创文章的作者实名举报，轻者短时间内被禁言，重者被永久封停。所以，想要长期发展，公众号文章一定要坚持原创。

（2）不要传播色情、赌博等信息。众所周知，传播庸俗、挑逗性内容，传送以色情为目的的情色文字、情色视频、情色漫画等形式的内容，或传播赌博、毒品等信息，发布不实信息，非议国家大事、政策等，都属于网络犯罪行为，也是社交平台严厉打击的范围，一旦触碰会永久封号。在撰写公众号文章或推广公众号时，一定不要涉及黄赌毒、政治、历史等敏感话题和字眼。

（3）不要出现诱导性传播行为。社交平台一般都不支持"集赞"和"转发"等与诱导性传播相关的活动。如果能够把握限度，社交平台一般不会过于干预；如果"集赞"和"转发"与金钱等利益挂钩太过严重，也会导致公众号被封。因此，虽然"集赞"和"转发"是裂变活动推广的重要营销工具，但也应该注意把握尺度，避免被封号的风险。

（4）不要插播虚假广告。自有的社交平台多半都会为自家企业做广告宣传，有时为了吸引用户眼球，增加公众号的关注度，在公众号上制造爆点时，会有意无意地发布虚假广告或夸大产品功能和疗效的广告，这都是工商广告法明令禁止的行为。同时也是社交平台零容忍的，一经发现，封号只是基础操作，情况严重的还会受到法律制裁。因此，开展裂变营销时，应当严守"名副其实"的底线。

（5）不要使用第三方外挂。使用微信第三方工具进行站街、刷"粉丝"或利用群发软件进行推广拓客等行为都属于外挂行为。对于这些行为，任何平台都是不能容忍的，裂变活动同样如此。

（6）诱导分销、多级分销。如今，很多企业在微信平台利用社交关系链进行裂变活动，希望通过多级分销的方式实现用户增长，但是在进行裂变活动时，不能够超过三级分销，否则容易演变为传销。一旦涉及传销，轻则永久封号，重则触犯国家相关法律法规。

第七章　建立用户的生命模型

一、用户生命周期

所谓用户生命周期，简单来说，就是用户开始接触产品到离开产品的过程。用户生命周期可分为引入期、成长期、成熟期、休眠期、流失期五个阶段。

获客区：对应引入期，对应的用户行为是成为一名用户，运营的核心工作就是拉新以及促进新用户的活跃。

升值区：对应成长期和成熟期，对应的用户行为是使用产品，在产品中活跃，与产品发生联系，持续停留在产品内，运营的核心工作是促进用户活跃，付费/转化，制造留存。

留存区：对应休眠期和流失期，对应的用户行为是离开产品，停止使用产品，运营的核心工作是对沉默流失用户进行安抚或挽回。

《引爆用户增长》一书中将用户生命周期做了一个生命周期模型，并对其进行了详细的解释，具体如下：

1. 新手期

新手期是从流量转化成用户的阶段，是用户关系的建立期。这个阶段的运营重点如下：

（1）新手引导。对新用户给予引导和帮助，让他们快速熟悉平台规则和玩法。

（2）快速破零。引导用户快速实现零突破（如交易量或内容贡献值），激发用户的积极性。

（3）用户赋能。为新用户建立成长机制，赋予用户自主成长能力。

（4）新用户特权。可以给予新用户一定的流量支持和优惠政策。

新用户的成长有一个时间周期，而非一个点，需要从次数、金额、品类、时间间隔等多维度去分析用户，制定对应的激励机制。

2. 成长期

成长期是用户与产品建立深度 llilialian 链接的过程，此阶段运营工作是要想办法提升用户黏性。这个阶段的运营重点包括以下两点：

（1）探索用户成长路径。主要从用户的 DAU（Dcuily Active User 的简称，即日活跃用户数量）、用户留存、使用频次与深度、交易数据等维度来识别用户的成长。以交易类产品为例，用户成长有两个魔法数字："1 次复购，留存率提升 30% 以上"，"5 次复购变忠诚，留存率提升至 60% 以上"。

（2）搭建用户成长通道。搭建通道，激励用户沿着平台指定的方向成长。常见的用户成长激励通道有：秒杀/限时抢购、代金券/红包、积分、抽奖、特权等级、任务引导。

3. 成熟期

成熟期的运营目标是提升用户 ARPU 值（Average Revenue Per User 的简称，即每用户平均收入）。主要通过提高用户购买频次、客单价和跨品类导流。

（1）提升用户的客单价。对用户进行分级运营，根据"二八定律"筛选出高价值用户与普通用户，重点针对大客户提供特权服务，同时通过特权刺激普通用户向高价值用户转化。

（2）增加用户的购买频次。可以从以下几个方面着手：提高用户活跃度，增加用户访问频次；深挖用户需求，提升供给能力，以供给驱动增长；搭建活动体系，活动固定化和常态化。

（3）跨品类导流。建立跨品类导流的手段和机制，进行跨品类导流，增加用户购买的品类数量。

成熟期是用户价值最大的时期，通过用户成长激励机制，把成熟期时间延长，实现企业持续增长。

4. 衰退期

衰退期需要对潜在流失用户做出预警和挽留。

（1）通过 RFM 模型（R：最近一次消费；F：消费频率；M：消费金额）监控用户活跃情况，对潜在流失用户进行预警判断。

（2）预警启动，对用户分类，启动不同的挽留策略。高价值用户优先挽留。挽留的策略有：

①服务策略。通过电话回访、送优惠券等方式加强与用户沟通，了解用户心理需求。

②产品策略。针对不同需求的用户群体，提供差异化、个性化的业务种类。

③价格策略。针对潜在的流失用户提供有针对性的价格补贴。

建立有效的用户流失预警、分析和挽留工作机制，不仅有利于分析和掌握用户流失的原因，提高服务质量，还有利于细化营销管理体系，对公司持续发展意义深远。

5. 流失期

从用户类型、行为、时间几个维度去确认用户流失，再从用户价值维度确认工作重心，将人力、物力投入有价值的用户召回上。召回时需注意以下几个方面：

（1）对流失用户进行分类。流失用户一般可分为两类：一是新用户流失。针对新用户流失，通过优化新手引导、新手激励机制的方案来进行召回。二是老用户流失。用 RFM 模型把高价值流失用户找出来，以最高优先级进行召回。

（2）召回的方式，常用的是针对流失用户进行物质奖励。通过电话、短信、消息 push 等手段，给用户发放红包、抵用券，把用户的注意力重新吸引到产品上来。

附：产品生命周期曲线

1. 今日头条

艾瑞网数据显示，截至 2018 年 12 月，移动互联网独立设备数达 13.47 亿台，同比增长 12.8%，新闻资讯行业月独立设备数 7.77 亿台，同比增长 18%，行业渗透率达 57.7%。

随着移动互联网时代的全面到来，使得新闻客户端获取资讯的服务"门槛"和成本都大大降低，成为我们最先获取新闻爆料的重要渠道，也是新闻传播最快的地方。从艾瑞网 2018 年的移动数据来看，今日头条凭借算法优势，以个性化精准推荐为武器，常年居于新闻资讯榜单第 2 名。截至 2018 年 12 月，今日头条月独立设备数达 2.48 亿台，抢占了市场 32% 的高地。

今日头条是一款基于数据挖掘的推荐引擎产品，为用户提供精准化、个性化的移动资讯平台，实现内容与用户的精准连接。

基于个性化推荐引擎技术，根据每个用户的兴趣、位置等多个维度进行个性化推荐。推荐内容不仅包括狭义上的新闻，还包括音乐、电影、游戏、购物等资讯。

【用户画像】

性别：今日头条主要以男性用户为主，男性用户占比达62%，女性用户占38%，这基本符合当今新闻资讯APP的市场情况。

年龄：用户年龄主要集中在35岁以下，占比79%。其中30岁以下用户占比53%，用户整体年龄趋于年轻化。

【用户使用场景】

（1）乘坐交通工具的上下班途中。

（2）午休吃饭时的闲暇。

（3）睡觉前的放松时间。

（4）没事儿或无聊打发时间。

随着生活节奏的加快，人们的时间越来越趋于碎片化。今日头条基于数据挖掘和个性化推送，最大化地利用用户碎片化时间，实现内容与用户的精准连接，减少用户筛选信息时间，方便用户浏览阅读。

今日头条用户生命周期模型：梳理业务逻辑；找到影响用户留存／消费的关键功能；定义各阶段用户行为。用户使用产品的基本逻辑为：

（1）是否能搜索到想要的资讯内容（找资讯）。

（2）资讯内容是否符合个人偏好（消费资讯）。

（3）看完资讯后抒发情绪的出口（表达情绪）。

结合用户的使用逻辑，"找资讯"是用户付出的最大成本，"消费资讯""表达情绪"属于用户获得的感知价值，而"表达情绪"是基于"消费资讯"的衍生价值，故判断可能影响用户活跃／留存的核心关键功能：

资讯推荐。

用户的流失是一个长期的持续行为,一旦出现流失迹象,应该立即触发预警机制。主要分析以下几点:

(1)用户渠道来源分布状况。

(2)流失用户的类型。

(3)用户流失节点时,产品是否做出了一些动作。比如,版本更新后的流失率有所提高。

以产品的服务特色来说,热点不能及时更新、内容质量太差也会造成用户流失。

要及时完成用户引导,也就是干预用户流失的策略制定。

2. 脉脉

以脉脉为例,典型用户行为路径梳理:

A. 用户注册——完善个人信息主页——上传简历/完善在线简历——搜索职位——投递简历——添加招聘方为好友——购买会员——添加更多人脉。

B. 用户注册——完善个人信息主页——添加行业人脉——查看动态——发布动态——购买会员——添加更多人脉。

3. 外包大师

外包大师是互联网产品设计研发的众包平台,用户有两类,一类是需求端用户,另一类是供给端用户。对需求端用户更多的是销售管理的部分,这里只讨论对供给端用户的管理。这里定义用户的生命周期为从用户第一次接触外包大师产品到双方不再继续合作,可以划分为几个阶段:增长阶段、审核阶段、报价竞标阶段、优质供应商发展计划阶段(首次合作阶段)、优质供应商阶段(持续合作)、流失阶段。每一个阶段的转折点分别是初次见面沟通、初次报价、首次合作、等级进阶，背后对应的是初次见面沟通对产品价值的认可和团队的信任，初次报价的公平、公正、公开、透明的良好体验，首次合作对管理方式和回报率的认可，等级进阶对长期稳定收益的预期。

二、计算用户终身价值

所谓客户终身价值，就是表示在一段时间内客户利润贡献的平均净值。客户终身价值，一般被运用于会员数据库营销策略的发展。这些具体的数据会随着各时间段而变动，是企业制定裂变营销策略和方法的重要参考。

对于用户终身价值的计算，可以侧重如下几方面：

（1）客户终身价值表。只有明确说明客户终身价值表的各项内容，才能了解如何计算客户终身价值、区段分级以及实施应用。具体来说就是：

①客户数。每一段时间的客户保留数目。

②客户保留率。每一段时间留下来的客户，也就是再回购的客户比率。可以用来衡量裂变活动产生的客户忠诚度。

③平均消费。每一段时间客户平均的消费金额。

④总消费金额。总消费金额 = 客户数 × 平均消费。

⑤成本。包含不同行业（产品）的直接成本和变动的行政成本，原则上每年的成本都会下降。

⑥客户取得成本。取得客户所花费的广告及裂变活动费用的总和，然后除以当年的新客户数，就是客户取得成本。

⑦总成本金额。总成本金额 = 成本 + 取得成本。

⑧利润。利润＝总消费金额 － 总成本金额。

⑨累积利润。这段时间的利润加上前一段时间的利润。

（2）计算客户终身价值的步骤。了解了前面的内容之后，就要了解客户终身价值计算的基础方法。

①从数据库中，挑选一些有可能成为新客户的会员。

②依据过去的经验（或同业经验），决定一段时间后还有多少客户会持续购买（回购）。一段时间大多是指一年或半年，可以根据企业的商品生命周期来决定。

③计算取得这群客户花费的行销成本。

④根据客户终身价值表的内容，计算三个阶段或以上的客户终身价值。

⑤连续执行针对这群会员的裂变活动，比对客户终身价值，观察这些数据的变化。

⑥根据客户终身价值的变化，改进会员分析模型，再次进行营销活动，用会员终身价值表提升会员数据库营销的结果。

（3）客户忠诚度。会员数据库的分析主要就是找出"优质"客户，因为优质客户能够带来很高的利润，并保持很好的回购率。所以，好的数据库营销策略要能吸引到这群客户，同时能维持提高客户忠诚度，让优质客户感到满意，让企业获得利润。

多数会员都是处在惯性忠诚与隐性忠诚之间。有效地运用会员数据库营销，就能将更多的惯性忠诚和隐性忠诚提升到高度忠诚，用客户终身价值提高的变化来检视裂变营销方法的成败。

三、打造超级用户

1. 自查清单

内容如下：

①你们怎样用一种对员工和消费者都有意义的方式阐释公司的使命或者业务？公司的使命如何才能成为获得增长的基础？

②你们公司确立的目标能够带来可持续的增长吗？销售额、利润率、现金流和回报率方面的目标是不是均衡的、现实的？

③你们公司的战略是不是选择明确、方向清晰？它们有没有公开宣示哪些业务是你们将会进入的，哪些业务是你们不会进入或者将要退出的？所有战略都是可以衡量的吗？

④创新对你们实现业务目标有什么作用？它有没有可能成为你们公司或者所在业务单元的一项战略选择？创新是不是或者能否成为一项驱动力？怎样才能通过创新找到改变规则的机会，获得有战略意义的、可持续的增长？

⑤你们有没有运用创新的方法想象所在行业的空间，并不是循规蹈矩、完全按行业的现状进行经营？你们有没有运用创新能力，就"在哪里玩"这个问题想象和构建全新的战略选择方案？

⑥尽管超级用户的人数不多，通常某一件产品或某一种商品的超级用户仅占其所有消费者人数的10%，但他们可以将销售额提高30%—70%，创造的商品利润比例比前者更高，通常能够将预期利润提高近100%。

2. 普通用户转变为超级用户的关键因素

为了了解超级用户的演变过程，让我们先看看一个普通消费者是怎样转变为超级用户的。尽管每个超级用户都有其个性和目标，但总体而言，超级用户的演变要遵循如图7-1所示的趋势。

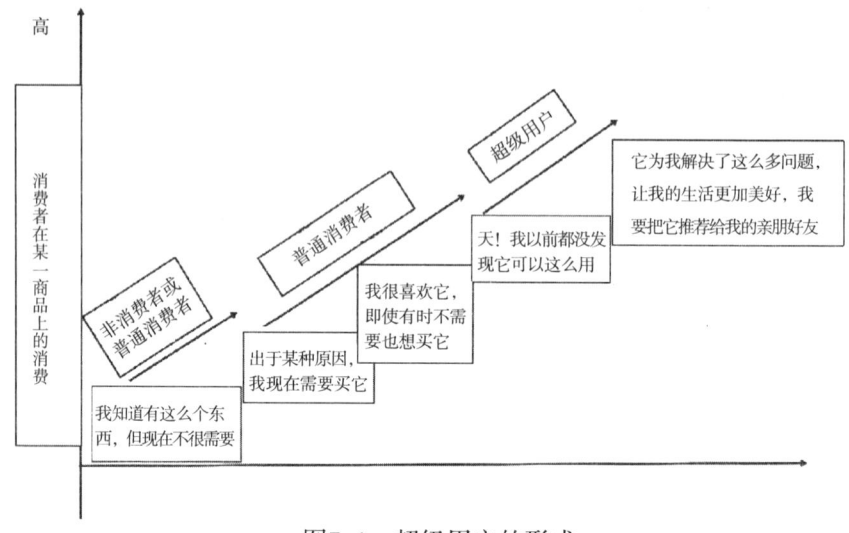

图7-1 超级用户的形成

3. 吸引超级用户策略

（1）提供一些成本不高但能讨好客户的东西。康美银行（现道明银行）发现安装免费硬币兑换机能吸引更多的人来银行注册账户。客户认为既然银行愿意提供这样的便利，就不会跟客户斤斤计较。

（2）将赠品看作一种影响大、成本低的营销手段。英属哥伦比亚大学知识网有关个人可支配收入的样品调查显示，样品赠送活动（类似好市多的做法）能在活动当天推动销售额增长475%。

（3）通过向客户提供利益交换企业所需的战略信息。大多数免费保修计划都是为了收集一些详细的客户信息，以便对客户进行关系管理。

（4）在客户终身价值上下注。短时间来看，送东西可能是一个亏本生意，但大方行事对客户忠诚和终身价值有很大的影响。这也是为什么吉列公司只向18岁的客户免费提供样品，而不是38岁的客户的原因。

4. 设计超级用户服务的维度

（1）价格维度。价格维度，即提供超级用户专享价，这个价格肯定比平常售价要低，并且价格越高的产品，专享差价就越大。比如成为京东 PLUS 会员，同样一本书，正常价格 43 元，那超级会员价就是 40 元，便宜了 3 元。但若是一台 5199 元的计算机，那超级会员价可能就是 4899 元，一下子便宜 300 元，而成为 PLUS 会员才花掉 299 元。所以，价格维度这笔账很好算，也是超级用户权益的必备项。享受更优惠便宜的价格，是绝大部分付费用户升级为超级用户的第一大理由。

（2）优惠券福利。优惠券福利是吸引付费用户成为超级用户另一个重要动力。优惠券分为好多种，有运费券、生日券、全品类券、单品券、满减券等。比如京东和苏宁都给超级用户免运费券，京东每月提供 5 张价值 6 元的运费券，苏宁全年提供 24 张国内运费券和 12 张海外运费券，亚马逊就不一样，直接国内免运费了，福利形式各不相同。而西贝的 VIP 用户，则每年享有 1 张价值 60 元的生日券，无限制使用。京东每月提供 100 元的全品类优惠券，但是细分为 50 元、20 元、10 元、5 元不等，不同面值对应不同的消费金额才可以用，如满 500 元可以用 20 元优惠券。总之，这些优惠券的规则都是企业自己设计，通常目的是促进转化购买，一般避免亏本。事实证明，优惠券可以作为促进超级用户转化的重要手段。比如西贝在推出喜悦会 299 元 / 年的 VIP 会员时，就强调花 299 元其实是返了 255 元的优惠券，用户相当于用 44 元成为 VIP 用户，这样就会提升付费用户加入超级用户转化率。

所以，基于优惠券的服务也是超级用户期待的重点。

（3）专属产品。只有成为超级用户才能享有专属产品。比如一家品牌服装店，它只为超级用户提供定制款服装，其他客户花多少钱都不做。同时，西贝也有专为超级用户提供的产品，有些还是限量的，普通用户想要还不行。所以，专属产品往往都是稀缺的、有特色的和有影响力的，它更加彰显了作为超级用户的特权，满足了超级用户的虚荣心。所以，专属产品也是设计超级用户服务的重要维度。

（4）身份特权。因为超级用户属于高价值的用户群体，通过给到他们一些特立独行的标识，来体现他们跟普通用户的差异，更能激发他们对品牌的热爱。这些特立独行的标识很广泛，比如小米的超级用户每次发布会都可以坐在前三排，并享有专门的用户徽章、专属通道，这就是身份特权标识。还有像迅雷、WPS、QQ等虚拟产品的超级会员，都会有专门的标识、皮肤和表情道具。还有像携程、驴妈妈等旅游类平台，它们的超级用户可以享受机场VIP贵宾通道、接机等尊贵服务，这些都是彰显身份特权的设计。同时身份特权还包括专属VIP客服、免费上门退换货等。比如，我成为春雨医生的VIP用户，它就会指定专属健康顾问一对一为我服务，这些都是相较普通用户的身份特权。

（5）消费返利。作为超级用户，自我消费或推荐消费可以获得消费返利，包括积分返利、现金返利。比如京东PLUS会员能获得10倍京豆返利，100个京豆等于1元人民币。苏宁给到超级用户2%的实付金额返利。贝贝网VIP用户自己消费能获得10%现金返利，邀请人注册会员消费还能获得返利。这些都是为超级用户提供的返利赚钱特权。

（6）生活福利特权。为超级用户提供除本企业产品服务以外的其他生活福利。比如，成为京东PLUS超级会员，你还可以免费获得爱奇艺VIP资格，定期获得曹操打车优惠券、阿姨帮家政服务优惠券、本地电影美食优惠券等。如果你是迅雷的超级用户，除了享受它提供的服务之外，还能享受它整合的其他福利，比如顺丰优选福利券、每日优选福利卡、加油卡等。

西贝莜面村的喜悦会VIP会员，年费299元。

京东PLUS会员，年费299元。

携程的超级会员，年费188元。

迅雷的超级会员，年费 288 元。

从上面这 4 个例子，就会看到超级用户服务一定是从企业自身实际出发。比如西贝能提供亲子莜面体验营，京东可以上门免费退换货，携程提供机场 VIP 检票通道，迅雷则提供高速下载、尊贵皮肤等服务项目。

综合来看，以上共同点是为超级用户提供优惠价格、便利体验、特权增值服务，价格基本都是物超所值，按照年收取费用。这几乎离不开上面我们讲到的 6 个维度。

5. 如何识别付费用户中有意愿成为超级用户的人

（1）付费会员制模式，即直接付费购买 VIP 会员资格，就享有超级用户权益。这种付费的会员制模式可以按全年、半年、季度、月度甚至星期等不同时间来购买 VIP 会员资格。比如京东的 PLUS 会员是每年 299 元，亚马逊 Prime 会员是每年 288 元，而季度会员是 78 元。这是目前主流的、使用最多的筛选超级用户的方法，也是最简单有效的方式。因为付费用户要额外支付一笔会员费，来购买未来的权益，同时这个会员费是不能用作消费的，如果不是对企业产品认可，有强烈的持续消费意愿，他是不会付费购买的。这是会员制模式。

（2）储值会员模式，即用户通过充值或储蓄一定金额，就能成为储值会员，享有超级用户的权益。通常吸引储值的理由是返利和优惠，比如，在一家 KTV，充 1000 元即返 200 元，相当于 1200 元，这就是充值的例子。这对现场消费来说很有吸引力。有少部分企业在用这样形式。

超级用户是未来有明确消费意愿的忠实客户，付费只是一种手段，并且这种意向是自愿的且相对长久。但充值的形式，更多的是用户为了眼前的便宜，就先充值进去，满足当时需要。比如，我在 KTV 消费了 400 元，但商家有活动，充值 500 元返 100 元，我就存了 500 元，成为储值会员，没花完的钱下次可以再消费。这种方式可以吸引用户再来消费，但也有可能他不来，还有一种情况是他下次消费完200元之后就不来了。

这种因便宜而现场充值的方式，无法确定他是否有对品牌的忠诚度和主动消费的意愿。因为相比主动付费成为会员，他很清楚付费购买的是未来的消费权益，而不是存钱来消费。所以，付费制会员与储值会员呈现出截然不同的消费心理。付费会员制才能更明确地筛选超级用户。

当然，还有企业同时推出付费VIP会员和储值会员，储值会员就是预收费用，给予优惠，而付费会员则提供长期的会员权益，这样结合就会比单一的储值会员方式更能筛选超级用户。

（3）消费满固定金额，即可免费升级为超级用户，相当于赠送VIP会员资格。国内某电商平台就推出过这样的政策，只要上一年消费满3万元就可以免费升级为VIP用户。这是一种变向筛选超级用户的方式。不过它有一定局限性，或者说相比付费购买VIP会员，还是存在着缺点。

6. 通过微信矩阵运营超级用户

复购是决定付费用户进化为超级用户的关键因素，用户复购频次越高，越有可能成为超级用户。而复购又是由曝光多少决定的。所以，我们要让产品、品牌信息多多出现在用户视线里，于是企业需要搭建私域流量池，把用户沉淀起来。私域流量池是指企业的APP、社区、QQ群、淘宝群、公众号、个人微信号等这些私密性渠道。在这里，企业能跟用户随时交流互动，深度沟通，还不受竞争对手的干扰，能迅速建立信任，维持关系。

目前来看，除了企业自有APP、社区论坛外，微信生态是企业能利用的最大私域流量池。微信用户规模超过10亿，使用频率极高，是离用户最近的地方。如何在微信生态构建私域流量，打造超级用户是企业研究的重点。今天在微信里做营销，和4年前相比，想要做出些成果，思路和方式都发生很大变化。今天微信生态下更加重视的是微信矩阵，用系统化、精细化的方式做运营。同时，为了给用户提供最佳的体验，你还需要把公众号、朋友圈、微信群、微信小程序结合起来一起运营。

7.微信里培养超级用户的环节

（1）把企业用户加到微信里来。企业要主动跟用户建立连接，只有连接才能持续产生价值。所以，先让用户关注微信公众号、个人微信或者是用个人微信号建立的微信群。不论是京东、淘宝、拼多多还是实体店用户，都应该先沉淀到微信。

微信公众号和个人微信，这两个渠道看似相互独立，实际上它们是可以相互配合的。现在看来公众号的打开率越来越低，反而是更多企业用个人微信号沉淀了很多老客户。这种趋势变得越来越明显。数据显示，个人微信仅为淘宝引流创造的销售额就超过 5000 亿元，足见这种做法的力量。

一方面，公众号对内容创造质量的要求越来越高；另一方面，每个人关注的公众号越来越多，打开率在近几年内呈直线下降趋势，公众号跟用户互动的能力有限，导致黏性不够强。如果是品牌企业，或有较强内容创造力的企业，可以花精力来运营，但对于更多的中小企业来说，公众号最多就是它们开通的一个低成本官网。甚至有的小微企业都不开通公众号了。

不过，对于大型品牌企业而言，公众号还是很重要的宣传阵地、一对多服务平台、营销传播渠道。所以，建议企业可以把个人微信号作为维护超级用户，与用户深度沟通的重要渠道。它带来的口碑、销售价值相比公众号来说也更加明显。

用户运营就是要把用户放在离你最近的地方，随时响应需求。无疑，朋友圈、微信群比起公众号更有人情味，信任感更强，距离更近。

我们与用户建立信任，创造曝光首先要找到与用户的接触点。个人微信运营就是创造与用户的接触点来影响用户。主要有三个地方：朋友圈、微信群和私聊（群发）。你只要真正做好这三点，建立了信任，创造复购是非常轻松的事情。所以，微信生态一体化运营第一步，就是把企业用户加到微信里来。

（2）用户促活，创造曝光，引导成交。连接用户从来都不是目的，如何让他们产生销售才是目的。所以，不论公众号还是个人微信号，都需要发布内容获得曝光。并且内容还需要有设计，有策划，有规律，用内容引导消费，这就是内容营销的本质。公众号主要依靠图文推送，而个人微信号可以通过朋友圈、微信群、群发来实现内容发布。

内容既是建立信任的媒介，也是创造销售的工具。总之，这个环节就是创造曝光，深化信任，提醒消费。当用户想购买时就可以进入微信小程序商城，进入下一个环节。

（3）成交是用户运营的终极目的。成交不仅带来销售额，还能产生用户数据，让我们更加了解用户，指导后续的运营工作。这里建议用小程序商城，而不是京东、淘宝、有赞等平台，一方面这是微信生态的产品，另一方面，用户在小程序上的消费信息和数据，能够直接标记在微信好友身上。如果在其他地方成交，要同步用户交易数据就比较难，而在小程序上就可以轻松拿到，只需要通过第三方SaaS工具就可以实现。这些数据可以帮助我们更好地经营微信中的老用户。

（4）分析运营环节。企业运营人员能够把小程序消费数据与个人微信好友匹配起来，根据数据来分析用户群，制定营销内容，减少骚扰。比如，针对目标用户发送超级用户权益，在朋友圈定向@你，这样不但能够有效提升转化和互动，还能实现精准营销。

8.将付费用户培养成超级用户

企业应该如何一步步经营，将付费用户培养成超级用户？五个关键步骤，为"从0到1打造超级用户的方法论"，分别是：IP化、连接、促活、分层、复购。

第一步，IP化。就是说要建一个人格化的微信号，让品牌人格化，拉近用户距离。因为个人微信背后本就应该是真实的人。如果用户觉得添加的还是一个机构，那和加公众号就没有什么区别。只有让用户觉得加的是"人"，在后面一步中，"粉丝"才愿意主动连接。人对人产生了感情，才更容易产生信任。比如你的品牌是宝洁，个人微信号就不应该叫宝洁，而可以叫"宝姐"或"小宝"。这样一听就觉得亲切，因为TA变成了一个人。通过这个昵称，人格化属性就显现出来了。

这时，我们再用美女的图片做头像，可以是宝洁员工或其他的图片，那就更有真实感和亲近感。然后，我们再赋予她一个角色——宝洁的首席粉丝官，再赋予她性格，让宝姐成为一位自信、热心、幽默、犀利、正能量的姐姐。她会在朋友圈传播符合她人设的内容，以及互动回复中透露着这些性格，那自然这个IP形象就深入人心，更容易得到用户信任。

除此之外，作为首席粉丝官，同样也是一位职场达人、一位妈妈（这些都是IP化时可以设定的人设）。宝姐每天同样有各种故事，比如她会亲自到用户家里一起测试新品，因为喜欢的衣服被墨水弄脏了而烦恼，或者宝宝不听话打翻家里花瓶，或者跟同事一起旅游、看电视剧看成熊猫眼，等等。我们可以将一切与用户相关、产品相关的内容场景化地表现出来，赢得"粉丝"共鸣和认同。这就是不断曝光、创造共鸣、建立信任的过程。最终信任会转化成对品牌的忠诚，对产品的复购。

所以，你能看到在个人微信里，宝洁和宝姐两个不同的叫法，代表着不同的思考。IP化定位是要让品牌化身为真实的人来与用户沟通，尽管这个真实的人应该打个引号，其是预先设定的角色。但只要能达到与用户友好、亲切的沟通，提供人性化服务，让用户了解品牌、产品，这本身就是很棒的体验。

IP化是企业运营个人微信号非常重要的一步，它甚至决定了未来成败。现在企业越来越重视IP的力量，IP是能够自带流量、自增长、自传播、自动引发信任的载体，它可以是真实存在，也可以是虚拟设计。比如马云、雷军、小猪佩奇、熊本熊、灰太狼等，这些都是企业的IP，我们甚至都不知道这些企业的名称，但仍能够清晰记得这些IP。而一个企业可以有创始人IP、员工IP和吉祥物IP。正如阿里巴巴，马云和天猫的猫同属于企业IP。

那么，在个人微信经营中，微信账号就是IP，它是企业的社交代理人，比如石头哥、蛋糕赵蜀黍、花姐、海尔君、花大圣、万能的波妞等，叫法不同，但一听就让人觉得像"人"，他们的身份可以是创始人、掌柜、店长、客服、设计师等。这些都会增强IP的真实性。

关于IP化定位，最终要形成一个IP自画像，它包括IP的昵称、头像、简介、性别、角色、身份、年龄、性格、爱好、职能等维度。同时要结合企业的品牌、未来规划、产品调性、目标受众，商业目的等多重因素考虑。甚至有的企业还需要考虑让创始人IP、员工IP、吉祥物IP共存，尤其是一些线下连锁品牌，比如，每个门店都需要建个人微信，总部线上也需要建个人微信。

这是IP化环节。这一步做好了，后面的连接"加粉"、促活就容易很多。

第二步是连接"加粉"。就是如何让付费用户加进个人微信号。进入私域流量池，我们才有不断增加曝光、影响TA的机会，最终促成复购，所以连接越多人越好。

当然吸引人加微信号有很多办法，比如电商常用的加微信领红包，培训机构常用加微信领取培训课件，线上商城常看见儿童英语学习机构加微信送一个气球。总之,不同行业,企业都会有不同的吸引关注方式。

一切能吸引连接的无非"利他"二字。你让别人加你,他能得到什么好处,好处动力有多大。围绕"利他"这两个字,剩下的就是传播,如何让别人看到。所以,连接"加粉"需要抓住三个关键点:渠道、场景、动力。

第三步是促活。连接之后,付费用户被沉淀在个人微信里,如果不经营就容易流失或被竞品抢走。保持活跃度,创造曝光,是创造复购的关键。在促活环节,主要目的就是在个人微信中找到一切能够与用户互动、曝光的触点。

所以,咱们可以看到,朋友圈发布的内容、活动、微信群、1对1私聊,这些都是提升活跃度、创造曝光、促进复购最有效的方式。当然微信内容需要进行合理规划、设定,活动坚持"两小一大",即每月两次小活动,一场大活动。

微信群要做好精细化运营也不容易,要遵守基本规则。比如建群一定要目的明确,死群不如散群,群的需求一定是刚性和可持续的。

这一部分内容详细展开还有很多模块,比如内容规划,栏目策划,微信群运营,私聊群发如何不骚扰他人。促活是将付费用户转化为超级用户的非常重要的一步,这步做不好,直接涉及超级用户的转化和相处。

第四步是用户分层。就是根据用户的信息、标签把客户进行分类。正如之前所讲的二八原则,用户运营就是要获得更多用户的有效数据,然后用数据来决策,实现精准营销,提升超级用户转化率。

用户分层通常分为两个分类:

第一类是按照用户的人口属性,包括姓名、性别、职业、地域、身高、口味、家庭、是否有小孩等;第二类根据用户消费标签,比如消费过几次、消费金额、会员等级、买过产品类型等。每家企业都应该根据自身需求来设计分层标签，比如餐饮更偏好口味、地域、有无宝宝等。换作一家服装店，那就是身高、颜色偏好等。

用户分层只有根据企业商业目标、实际情况一起来探讨，才不会做出错误决定。用户分层越清晰，我们就对用户越理解，也便于后续我们精准筛选超级用户。

第五步是复购。个人微信里已经聚集了几千付费用户，如何优雅地让他们产生复购，这很重要。就像我曾经问过一个问题：你们是讨厌微商，还是讨厌某些微商的行为？

结果发现很多人不是讨厌朋友做微商，而是讨厌他拙劣的动作，除了赤裸裸的广告、无休止的刷屏以外，他们创造不出好的内容来引导。今天我们都在讲内容营销，好的内容就是能创造好的复购，还不让用户讨厌。

如果前面的IP化、连接、促活、分层这些步骤都已经做好了，复购就会顺理成章，因为此时用户对你已经很信任了，只要他有需求，你刚好把产品推荐出来，他可能马上就买了。讲到复购，我分享两个关键点：

第一，曝光频率，通常是越高越好，因为曝光多了，用户看到的多，买的自然就多了。所以，朋友圈发内容不能太少，也不能太多，建议5—8条为好。还可以增加评论回复、私信群发、微信群等多种方式相结合。总之，每一次互动接触都是在唤醒消费。

第二，复购文案，包括朋友圈文案、图片和写法。写法也有很多种，比如借调研剧透产品、宣传买家秀、段子手类型、借助热点、互动游戏猜价格、促销活动等。

那么，如何构建超级用户运营团队以及如何设定他们的KPI呢？

我一直认为，企业实现营销的升级，通常要经历三个阶段：思维革命、组织革命和技能革命。第一阶段就是思维革命，认知不打破，行动就无法改变。紧接着就是组织革命，迅速地组建团队来保障新思维的落地，绝不能兼着做。如果不落实到团队，不跨出这第一步，永远是零。反倒是技能革命，学习一些新工具、新技巧是最后要做的事情。

9. 搭建运营团队

（1）用户运营。超级用户运营团队应该属于哪个部门。建议把它放在用户运营中心或会员经营部，不建议放在市场、品牌或新媒体部门，这些部门工作更倾向于获客、传播，而超级用户本质还是经营老用户关系，属于留存。也可以直接建立新部门，叫作超级用户运营部（中心），这样从名字上就简单易懂。

超级用户战略涉及了产品、营销、服务、商业创新等内容，一旦推进超级用户，就会发现超级用户运营团队需要与之打交道的部门很多，如市场品牌部门、会员经营部门、客户服务部门，甚至门店等。

市场品牌部。市场品牌部需要在公司各宣传渠道、物料中推广超级用户计划，让更多新老用户都知道，实现从老用户中筛选出超级用户，这项工作是长期的。同时，市场部还要提供活动、用户反馈、品牌动态等内容，作为丰富IP的内容素材。

会员经营部。会员经营部掌握大量的老客户信息，电商公司管这块叫数据营销部，就是通过邮件、短信、邮购目录来不断触达老用户。在超级用户方法论里第二步连接，就需要他们帮助推广个人微信号，来引导老用户关注加微信（微信群），或者说，让这些老用户进入私域流量池。

客户服务部。客户服务部主要指售后服务、技术支持等。很多企业在超级用户权益里会有专属顾问服务。这就需要匹配专人专岗来解决了。这些落地服务不能由超级用户运营团队来承担，必须协调客户服务部门来支持。所以，在设计超级用户权益时，就要想到和协调各个部门工作。

其他部门。如果是线下企业，超级用户运营还涉及实体店、门店管理的配合，比如，吸引加微信、到店超级用户体验等都需要这些部门的支持。甚至还需要 IT 部门的配合，将超级用户的管理系统跟现有的 CRM（客户关系管理）、App、商城等打通，形成一个完整高效闭环。总之，在企业内部，超级用户不是一个点的工作，而是一系列部门的协调配合。

（2）落地执行。看到需要这么多部门配合，可能你会想超级用户团队需要非常大，其实不是，最低配置三人就够了，分别是项目负责人、文案和销售型客服。当然如果有条件，可以增加推广策划、数据分析、创意设计等岗位。这里，我先讲最低配的三个岗位。

第一，项目负责人。项目负责人直接负责管理超级用户运营团队，做好分工安排，协调内外部资源。他需要设计超级用户权益，指导私域流量池的内容运营，把控质量，制定服务标准，话术等工作。负责人应该充分了解超级用户，并且有自己的思路。能够摸索着帮助企业寻找、筛选出超级用户。

第二，文案。文案就是创造内容输出的人，这个岗位非常重要，因为内容生产能力已经成为企业的标配，可以说是基础能力。文案是跟用户沟通的手段，也是企业价值表达的重要方式，一个企业不能没有文案。文案、内容能力已经成为企业的基础能力。建议文案人员最好就是你的目标用户，甚至是超级用户，这样他能理解超级用户需求，了解场景，写出来的文案能抓心。

第三，销售型客服。这里我没单纯讲客服，因为他不仅是解答问题的角色，他还需要会沟通会社交。为什么要定义销售型客服呢？因为连接从来不是目的，卖出东西才是目的。所以客服在服务聊天中，需要思考如何引导老用户复购，如何让付费用户转化为超级用户，这些都需要具备销售意识。

以上三个岗位无论大企业还是小企业，都是超级用户运营中不可或缺的，准备好了就可以开始做。随着企业的慢慢壮大，再扩充其他岗位。

四、用户驱动

增长，是每个企业最重要的命题。因为不增长企业就活不下去，这是一个残酷的现实。

随着流量池思维盛行，每个企业都好像找到了"救命稻草"，但这根"救命稻草"是不是足够坚韧，还要看企业对于用户、对于需求的理解。

获得流量后不是分析数据、制定策略那么简单，而是要清楚用户的心理：为什么我要传播你的活动？为什么我要购买你的产品？也就是转化问题。

裂变，是要想清楚这两个问题的，因为它是一个拉新和转化的手段。而要好好把这样一个增长方式用起来，需要借助6个常用要素。

互惠、承诺、权威、从众、喜好、稀缺。

这6个要素不仅对营销有用，对裂变同样起效果，因为裂变也是要解决吸引用户的问题。那么，这6个要素是如何在裂变中被应用起来的呢？

1. 互惠

互惠，就是别人给了你好处，你心里就会产生一种亏欠感，使得你想要回报对方。

很多抽奖裂变活动就是利用这个原理进行的。中奖者拿奖，少部分人购买，而前者往往成为口碑传播者。

拼多多也是利用这个原理玩转拼团裂变的。它告诉用户某个商品优惠，但要求转发朋友圈，拉更多的人去拼团。因为拿到优惠有难度，用户就会珍惜，而这个难度就是：拉更多的人，完成裂变，增加用户量。

对于裂变活动来说，优惠手段其实非常多，任何一种优惠措施都可以利用互惠实现裂变。比如二人成团享受 1 元优惠价，邀请好友注册，每人各得一个优惠券。

裂变需要人与人之间的联系，而互惠是要建立更多联系，这显然符合裂变的要求。所以，从互惠的角度思考优惠方式如何设计，对裂变有着很多帮助。

2. 承诺

承诺，就是商家的保证，需要商家兑现承诺。

对于商家承诺，为什么很多用户不相信？原因在于不一致。只有实现承诺一致，用户才会产生轻度信任，才会考虑试一试。

那怎么实现承诺一致？答案就是：前面做出承诺，后面做出常理上认可的实现承诺的保障措施和成功案例。

对于多数裂变活动来说，要想让用户感受到承诺的方式是列举成功案例，最简单的方式就是放一些用户好评，即客户证言。有些打卡类裂变活动，则把承诺放在产品设计里，比如承诺打卡满多少天退还学费、打卡坚持多长时间瓜分多少现金等，同样可行。

总之，只要承诺一致，用户就会增加对裂变活动的信任，从而提升参与欲望，增加转化。

3. 权威

权威种类有很多，比如专家证言、检测报告、资质证书、名人推荐等。权威往往自带信任属性。

权威在裂变活动中的作用，是把权威的性能转嫁给具体活动、产品、服务上，这叫信任传递。这种作用有很多实例，比如裂变海报，很多都用到了权威属性。再比如，把知名分享者或有影响力的意见领袖，作为背景展示在海报里；在文案上突出最吸睛的头衔，配合分享者擅长的内容及呈现的效果。

通过这些处理技巧，用户因为熟知这些权威人物，自然就会相信裂变活动的真实性，继而达到转化的目的。

不过，现在对于权威的真实性，《广告法》有严格规定，在个别行业甚至不允许运用这个要素，除非能提供符合事实的证明，这就给裂变营销增加了难度。

4. 从众

从众是人类固有的心理，也是裂变经常使用的一大要素。

为什么看到别人朋友圈背单词打卡自己也想背单词？为什么人们会效仿身边人的行为？这是因为人们习惯于以他人的行为和思想作为参考标准，尤其是存在不确定因素时。这样做的结果就是，周围人的做法对个人的决定产生重要影响。当一个人拿不定主意时，认同别人的可能性更大；身边人相似性高，就会对商家决策产生极大影响。如此，也就给了裂变传播空间。

那么，如何运用从众要素呢？比如，宣传裂变活动时，多使用用户故事，营造一种大家都喜欢并在使用的场景；无论采取哪种宣传渠道或方式，都要添加用户的声音或数据去提高活动的可信度与报名量，如在海报里添加"已有×××人报名"就是典型的做法。现在很多知识付费产品都在使用从众手法，比如放出大量的用户留言、及时更新"××已购买"等信息。

总之，"从众"不仅有利于传播，也有利于转化，是裂变必备的要素。

5. 喜好

为什么某个课程看似符合需求，包装很好，品质也不错，却无法吸引用户报名，没能进行裂变传播？答案在于，用户没有产生恐惧或害怕失去的心理反应。而要想做到这点，就可以利用"喜好"这个要素。

这个要素中，"不喜好"能让用户产生恐惧，想起痛点，而"喜好"

能让用户远离这种恐惧心理带来的痛苦。

在一些裂变海报上，总会在主文案和价格上利用喜好，前者叫"恐惧型文案"，后者叫"损失规避"。

恐惧型文案要求突出当下的恐惧，并给出消解方案，比如有书在这方面就做得不错，"你有多久没读完一本书了"引起了很多人的焦虑，得到超千万的用户。

损失规避的典型案例是某些营销课，"每万人涨 5 元"的加价策略，就能帮它刷一波存在感。

所以，"喜好"很有效，尤其是在文案和价格策略上非常适用，对裂变的运行可以起到推波助澜的作用。

6. 稀缺

卖产品时，采用限时、限额等策略会让用户产生抢单的盛景，这都是"稀缺"在搞鬼。

所谓稀缺，就是物品或机会变得稀缺时，人们会认为更有价值，更想得到，从而驱使自己购买。背后的原理很简单，因为只有稀缺才能产生紧迫感，而紧迫感比"渴望得到"对人更有激励作用。

稀缺在裂变上的应用，更多的是体现在数量和时间上，比如，仅剩××名额，到××时间截止。

不过，稀缺的本质并不是数量或时间有限，而是资源或物品相对于人的无限欲望而言难以满足。难以满足就容易打击用户的好奇心、期待感、积极性，从而失去信心、兴趣。所以，做裂变时稀缺的设置要合理：不能过高，否则容易放弃；也不能过低，不然没有激励。

五、种子用户

1. 准确定义种子用户

种子用户的使命就是让产品能够更好地融入市场,就是打好基础再建楼的道理。

在一个产品的发展早期,对该产品的发展起到重要推动作用的用户,他们通常愿意积极与运营者互动,对产品充满热情。影响力提高了,就能吸引更多目标用户,从而促进产品第一批用户的培养。种子用户可以代表大众用户需求且具备很强的包容性,同时对种子用户的认知还需要考虑以下几点:

(1)影响力大,活跃度高。种子用户≠初始用户。选择影响力大的、活跃度高的用户作为种子用户,否则,即使引进得再多,也无助于目标用户数量的扩散。相反,有可能因为产品和用户不对路,造成用户大量流失,还会给产品开发者造成错觉,认为是产品本身的问题,而不是用户的问题。

(2)质量比数量更重要。大量的种子用户≠大量的注册用户数。低质量的用户引进得越多,不仅不利于产品性格的塑造,还会影响真正的种子用户对产品的认知,形成偏见,甚至离开产品。低质量的用户,不如没有用户。

(3)能够反馈产品建议。互动、反馈≠吐槽、抱怨。优秀的种子用户不仅会经常使用产品,还会活跃于产品社区,带动其他用户讨论和互动,最重要的是,能够为产品开发者提供中肯的意见和建议,帮助产品不断地提升性能和功能。具有主人翁精神的用户,是最好的种子用户。

2. 种子用户的价值

(1)早期产品体验效果无法保障,需要种子用户包容。一款产品在早期会因为种种原因，如因为商业需求舍弃一些体验，而使体验变差甚至有种种的漏洞，这时就需要种子用户的"高容忍性"。所以，即使你的产品初期体验感不是很好，他们也能够包容、理解并支持，进而陪伴产品及公司成长。

（2）新品早期推广成本高，种子用户的口碑推广效果好。比如，通过广告获知和朋友圈分享这两条获取渠道（产品角度是推广渠道），作为目标客户的接受度是不同的，显然后者的接受度和信任度会更强，这中间省去了"信任"这个步骤，更容易转化。

（3）有一部分产品天然就需要种子用户提供内容和氛围。这点主要表现在平台类、社区类产品上。比如早期的知乎是没有内容的，它就需要一批种子用户来提供内容。如果你是运营人员，是不是一定会先有一些内容才能上线，并且需要一些人持续地提供内容，这样才能把这个产品做起来呢？而这些在产品早期愿意提供内容的人就是种子用户，也体现了种子用户的价值。

3. 如何获取种子用户

（1）组织和参加线下的圈子（基于人）。早期因为产品没有知名度，同时可能还存在很多不完善的地方，所以直接用这个产品去吸引用户可能做不到，这个时候可以用个人本身去建立、走进圈子，然后跟圈子里的人建立强信任感，然后基于朋友关系，先来体验你的产品，这个逻辑是可以成立的。

我们知道，人和人见面后的沟通和没有见过面的沟通是有质的区别的。本质上来说，见面后会建立一种信任感。这跟男女朋友一样，如果是在网上认识的，就算聊得再好也缺乏相互信任感，见面后这种不信任感就会消除一部分。通过线下圈子基于对人的信任拉来的种子用户符合种子用户的大部分特点。

（2）依靠理念、价值的传输吸引人（基于事）。这种方法也比较常用。依靠价值和理念的输出、传递，吸引一批人过来成为种子用户。这个逻辑就是基于有一部分用户是因为对某些需求非常的迫切，或者对一件事特别认同，基于这样的诉求，他愿意去使用你的产品。所以，如果用户基于这样的诉求来使用产品的话，产品早期的体验感差一点儿，也是完全可以被接受的。所以，这种方法就需要把产品的理念（为什么做这款产品，做这款产品背后的动机是什么，希望解决什么样的问题，等等）去对外输出。

（3）邀请码的运用。举个例子，混沌研习社推出学费充一年送一年活动，采用了老学员邀请码方式，利用这种方式制造稀缺感。所以，能获取邀请码的用户都对这款产品有一定的包容性。

（4）社交媒体的长期投入，定向挖取。这个方法比较适合没有太多资源的运营人员，比如，在某个公众号、微博，很多用户很愿意提出一些意见和自己的一些想法，那么这类用户我们就可以挖过来，成为我们的种子用户。

除了上述方法之外，还有很多方法，比如产品进行众筹，参与众筹的这群用户也是筛选、获取种子用户的一种方法。

4. 怎样维护种子用户

（1）及时剔除不符合理想要求的种子用户。对于那些误入的要及时剔除，以防带偏或影响其他种子用户的正确决策。

（2）给予重视感和参与感。种子用户给予的意见及建议对于产品初期是极其宝贵的，有的甚至会改变产品定位。对于正确的、积极的指导性意见，要及时反馈给用户，并且给予适当的奖励措施，鼓励用户多发表建设性意见及建议，多讲真话。很多熟悉小米公司的朋友都知道早期小米的社区，"米粉"提出的问题，官网会在24小时内解决，给种子用户很强的参与感，并且通过回应速度来表达对种子用户的重视。现在很多产品都有种子用户群，种子用户对产品有任何问题，官方都会积极地做出响应。

（3）种子用户享有特权。这是参与感的一种强化手段。种子用户作为自家产品需求最强烈的用户，肯定迫不及待地想试用产品的新功能。典型案例是运动健身产品 Keep 在上线前，曾招募过体验官。

（4）加强私人互动，建立牢固关系。官方人员主动来联系你并且问你对产品某个活动有什么看法，就能感受到官方对你这个用户的重视。当官方需要你做点什么事情的时候，你是不是会很愿意去帮忙呢？

（5）发起主题活动。聚合种子用户间的共同点，发起主题活动，将他们聚集起来，听听种子用户的真实意见，一方面对产品的改进以及种子用户的维系会有很大的帮助，另一方面有助于建立起有价值的社交链接及转化渠道。

（6）礼品、补贴，各种惊喜制造，这个无须多说。典型案例有滴滴出行早期的补贴。

总的来说，对于种子用户的维护可以用一句话来概括：提供较低的预期 + 较高的体验。

种子用户在任何一款产品中都扮演着举足轻重的角色，无论对于产品经理还是运营人员，都应该知道其必要性、获取方式及如何维护。

第八章　人才裂变

企业增长是基于人效，人效的核心是将今年的最好表现变成明年的最低要求。企业不仅要生产产品，更主要的是要生产人才，生产人才的核心是建立好人才生产线。

一、人才生产线

企业裂变式增长，对营销人才的需求增长超过销售量增长速度，而且营销人才的增长还要提前，即先有人才数量的增长，才有销量的增长。因此，企业快速增长的背后要求人才快速、批量培养。

人员快速增长必然产生人员费用的增长，只有费用控制在企业能够承受的范围内，企业才能用更多的人。因此，低成本人才培养非常重要。

快速、批量、低成本的人才培养必须找到一种新的人才培养体系。一般企业人才培养分为四个阶段：

第一阶段，海量招聘：大多凭感觉。

第二阶段，入职培训：形式化，少则一两天，多则七八天，基本上走过场。

第三阶段，进入试用期：摸着石头过河。一般3—6个月试用期，有业绩就留用，没有业绩就自然淘汰。由于试用期基本摸着石头过河，大量新业务员都掉进河里了。

第四阶段,人才筛选:大浪淘沙式。海量招聘导致人员备用率低,大多企业试用期备用率在10%—50%,平均值大约是25%,即4名用1名,75%的淘汰率。这其中既有公司淘汰业务员,也有业务员淘汰公司。

上述的人才培养模式速度慢、成本高,也很难批量复制。因此,只有实现快速、批量、低成本才能彻底解决市场部业务员培养体系。

"试玉要烧三日满,辨材须待七年期",这种古老的用人观念在今天这个时代正在被挑战。移动互联时代,信息更透明,传播速度更快,人们的期望值更高,实现期望的速度也更快,多数新人没有等待"七年期"的心理接受能力。所以,企业必须构建起人才生产线,尤其是市场部的人才生产线,只有这样才能实现企业裂变式增长。

近几年,德邦物流每年都以超过60%的速度持续增长。2018年,德邦物流在上海证券交易所正式登陆A股市场。目前,德邦快递自营网点有10000余家,覆盖全国大部分一、二线城市,通过事业合伙人模式,更是将网点扩展至全国所有乡、镇、村,实现更广的网络覆盖,更快的响应速度,为用户提供更好的体验。

德邦物流从一个名不见经传的小公司发展成物流行业的重要力量,主要得益于德邦当时借鉴工业产品自动化生产的思路,构建起了德邦人才生产线。

人才生产线构建有以下两大系统:

一是支持系统。人才培养机制是一个企业上层建筑,它必须依赖一定的基础才能运行,这个基础就是支持系统。

支持系统是人才生产线的保障系统,起到支持企业人才培养的辅助作用。

它由组织发展基础、职业生涯规划、薪酬激励三个体系组成。其中组织基础是基石，生涯规划是核心，薪酬激励是关键，三者相辅相成，互为一体，缺一不可。

（1）组织发展基础。构建人才生产线得先剖析企业是否具备成熟的组织基础。剖析时重点考虑以下两点：①企业组织条件是否成熟，包括企业经营方向与重点是否明确，战略目标是否清晰，这也是格勤一再强调的：企业增长背后必须有一套组织运营体系作为支撑。2013年，格勤研发推出了运营系统班，传递的价值主张是：从战略定位到运营配套的持续增长系统，核心围绕企业增长六要素进行展开，其中一项就是战略目标。战略目标清晰了，才会有围绕战略目标达成的人才预算。②人力资源的基础性工作是否到位，比如企业组织架构、组织发展目标、人力资源发展目标、工作分析等。

（2）生涯规划。人才生产线构建的核心是要构建"双规图"——对员工的两个规划，一个叫学习规划，也叫能力规划；一个叫发展规划，也叫生涯规划。比如格勤营销生产线职业规划：实习业务员——业务员——高级业务员——代经理——经理——代总监——总监——子公司总经理（事业合伙人）。再如格勤技术团队生产线职业规划：储备技术老师——技术老师——高级技术老师——技术代总监——技术总监——增长辅导师——增长顾问——子公司总经理（事业合伙人）。再如格勤讲师团队生产线职业规划：沙龙老师——裂变式增长推广师——交付专家（事业合伙人）。

（3）薪酬激励。薪酬是价值的体现，是对员工的回报与投资。将薪酬与晋升相结合，纳入支持系统，有助于员工按照职业生涯规划提升自己的专业知识与职业技能以及职业素养。

二是操作系统。操作系统是人才生产线的执行单元，它由晋升标准、测评体系和培训体系组成。

（1）晋升标准。描绘一名新员工从进入企业开始，直到成为岗位专家或中坚力量的成长路径及晋升标准。

（2）测评体系。将测评结果与薪酬二者之间建立必然联系，引导员工持续学习。

（3）培训体系。从培训人员、培训教材、教学设计、培训组织及培训制度，多维度构建培训体系，帮助员工快速成长。

人才生产线的核心是建立企业内部商学院。企业商学院以企业战略和人才开发为核心，以构筑企业全员培训体系为基础，通过企业文化的导入和企业学习习惯的培养，形成企业知识管理、人才加工、市场竞争的智力平台，最终实现企业战略规划。

企业商学院的建立包括四大体系：

（1）能力体系。能力体系是商学院建设的核心关注焦点，根据公司职务体系划分进行，一般包括管理类、营销类、研发类、生产类、服务提供类等，具体要根据公司的整体经营策略和行业特点进行。能力体系需要进行系统规划，其梳理主要是通过组织职位体系建设进行，对各类岗位的工作职责、工作目标进行系统研究，明确公司需要的能力要求，进而形成公司的课程规划。在具体实践中，规划能力体系不是一般的商学院负责人能够解决的，也不是一般的HR能够解决的，最了解公司所需能力的人通常都是对公司运营规则和成功要素理解得最透彻的人，一般是公司老板或高级经理，HR的主要工作是项目发动、梳理整合。

（2）课程体系。没有完整的课程体系，没有按照不同的职务类别、员工的职务等级递进设计课程，只是靠引入外部资源进行授课，这个商学院就是初级的，甚至不能称之为商学院。商学院的第一个核心内容就是"商业价值研究"，进而形成公司标准课程体系。课程规划要由各业务部门的高级总监或副总裁组织进行，要明确各类课程的分类、名称、适用岗位、课时计划等。第二个核心内容就是建立内部的课程开发机制，组织内部专兼职讲师进行系统的课程开发，规范各类课程的标准和内容，明确各课程授课方式。课程体系的输出结果就是公司基于各岗位的课程体系，同时输出各个单个课程的标准大纲、讲义、讲师手册、评估方案及行动手册等。

（3）讲师体系。无论是否建立专兼职讲师队伍，都必须明确讲师选拔标准、流程，明确课程养成的技巧和认证方法，同时明确讲师激励、考核、等级评定办法。讲师是企业商学院的核心，必须将讲师和课程开发联结到一起。

（4）培训实施体系。简而言之，就是如何有效组织上课，如何做好课程支持，如何做好课堂评估，提出改进意见。该体系需要解决的核心问题是：转变"囚徒型"和"度假型"学员的学习动机，建立良好的培训评估机制。

同时，商学院建设也需要具备两个保障：

（1）领导重视及经费投入。领导不重视，特别是老板不重视，商学院就不会长久。领导重视主要有两个方面：一方面，是否打心眼里认可培训的重要性，愿意讲课，愿意在培训上投入资源；另一方面，是否愿意花钱，因为商学院的日常运营和前期开发需要一定的投入。

（2）组织保障。如果企业商学院只有一个专职人员或几个专职人员，那么根本没有时间和精力去做很多工作，只能走到哪儿算哪儿。要想做好商学院，就一定要在人力上提供保障，要建立相关的团队，特别是课程开发团队和讲师团队。

二、分权经管

1908年，杜兰特在别克汽车公司的基础上组建了通用汽车公司。其后，该公司展开了大规模收购，取得了奥兹、凯迪拉克、奥克兰及其他

6家轿车公司、3家卡车公司和10家零部件公司的控股权或相当比例的股份。

在成立通用汽车公司时，杜兰特遵循了三大经营理念：

（1）针对消费者不同的品位与经济能力，提供不同种类的汽车。

（2）多元化发展，尽可能把握汽车工程未来的各种可能性。

（3）把汽车零部件制造商以"汽车装配厂"的角色纳入公司集团，提升整体整合能力。

通用汽车公司规模的迅速变化势必会带来协调与控制的困难，但是杜兰特并没有采取相关的措施来强化管理控制。1910年9月，通用汽车公司陷入财务危机，杜兰特被迫辞职。

1911—1915年，公司的新管理层采取了种种手段试图走出内部管理的混乱，但没有取得实质性的改善。

1916年，杜兰特再次入主通用汽车公司。他的基本经营思想仍然是以扩张来抵销经营的困境。

1918—1920年，通用汽车公司展开又一轮大规模并购，但杜兰特依旧实行放任式管理，各个下属公司都是"独立王国"。此时的通用汽车公司外表虽然很强大，内部却混乱不堪。

1920年下半年，汽车市场发生波动，各子公司的预算严重超支，汽车库存量开始大量增加，随之而来的是公司股价大幅下跌。杜兰特不得不再次辞职，由杜邦公司的董事长皮埃尔·杜邦接任总裁一职。内部管理混乱和总部被架空两大问题，致使通用汽车在1920—1921年的经济危机中摇摇欲坠。

通用汽车公司当时面临的困境有如下方面：

（1）管理混乱。不清楚总公司拨给各部门的款项或各部门手中的款项有多少，不清楚各部门对总公司的贡献值的正负和相对地位，不清楚各部门效率高低，不清楚增长点在哪里，不清楚资金投向何处才是有利的。

（2）总部被架空。各部门自己销售产品，自己管理现金，有自己的银行户头；总公司无法在各部门之间进行资金的调度；总公司的支出由会计部门派人到殷实的部门去要；各部门总想使自己的现金收支平衡得越牢靠越好，因此总希望拥有比实际需要多得多的现金；各部门对供应品盲目采购导致库存增加；各部门具有盲目乐观的销售增长倾向。

美国通用汽车公司的第八任总裁斯隆上任后做出了如下举措主张：

对公司的总体主张：在总部的控制和检查下，实行分权管理和经营。

对生产活动：专业化基础上实行分工、分权管理。

对各事业部经营活动：总部进行统一协调和独立核算财务控制。

同时斯隆提出两条原则：

作业单位分权化：每一作业单位的主要经理人员的职责应该不受限制。即由主要经理人员领导的每一组织应具有完备的必要职能，能充分发挥其主动性并得到合理的发展。

参谋服务部门集中化：某些中央组织职能部门对公司活动的合理发展进行恰当协调是绝对必要的。

针对通用汽车各事业部各自为政的问题，斯隆改革的主要目标是建立一个能够有效行使必要职能的公司总部。

斯隆改组计划的目标是：明确定义构成公司的各个事业部的职能不仅仅是各事业部之间的职能，还包括事业部和总部之间的职能。为了确定总部的地位并协调好总部与整个公司的关系，总部需要行使必要且合理的职能。将公司所有执行职能的控制权集中到总裁及首席执行官手中。另外，尽量限制向总裁汇报的事业部执行官的人数，保证总裁能够更好地指导公司的总体政策，而不是陷入本可以授权给事业部执行官处理的不太重要的事务之中。在每个事业部中为其他事业部提供建言的渠道，使各个事业部都能以对整个公司有所助益的方式发展。

参考杜邦化学公司的经验,斯隆依据"分散经营、协调控制"的原则,对通用汽车的组织结构进行事业部制改造。虽然事业部首席执行官有权制定其部门所有政策,只服从总裁的管理控制,但为了实现总部目标,斯隆前瞻性地采取了如下控制措施:

第一,公司总部的财务委员会对各事业部进行财务核算控制,以避免再次出现类似于1920年的财务危机。

第二,公司总部掌握政策制定权,各事业部首席执行官可进入公司总部相关政策制定机构兼职。

第三,为协调各事业部的行动,共享相关资源和信息,建立各事业部间委员会和事业部与总部间委员会。

第四,设立新的管理层级——"集团经理",不直接参与各事业部的运营,职责是协助公司总部、董事会和总裁制定相关政策,协助事业部执行政策。

第五,公司总部设立"参谋机构",目的是为运营管理处的首席经理就有关技术和商业性质的问题进行研究,这种研究对所有业务起到了重要的指导作用。

经过4年多的努力,通用汽车公司实现了分权的事业部制组织结构,并制定出总部与事业部之间的权力制约关系。

基本结构与特点为:

第一,各事业部经理对本单位的制造、销售、财务和工程人员拥有绝对行政控制权。

第二,总公司设立财务委员会和经营委员会,对各事业部的生产经营活动进行指导与核算控制。

第三,总公司设立综合顾问部,在采购、工程、研究与开发、保险、法律、房地产、销售和广告等专业问题上为分权化的各个事业部提供帮助，但明确规定参谋人员只有建议权，没有直接执行权力。

第四，总公司设立财务和会计综合参谋部，通过总经理来协调各事业部的财务活动。

自从斯隆实行事业部改革之后，通用汽车公司一举超越福特汽车，成为美国乃至世界汽车产业中的翘楚，在《财富》500强中也名列前茅。

斯隆模式总结如下：

（1）根据产品、区域和客户特性，事业部制将采购、研发、销售等结合成了一个相对独立的单位。事业部制具有相对独立的市场、利益和自主权三要素。因此它比较适用于规模较大、产品品种繁多、技术复杂的企业。

（2）事业部制具有集中决策、分散经营的特点。分级管理、分级核算和自负盈亏的特性使事业部成为拥有较大经营自主权的利润中心。总部也因此得以从日常经营活动中解脱出来，专注于重大决策、投资，成为公司的决策中心、投资中心。

（3）梳理清晰总部与事业部的定位之后，企业的组织管理变得通畅，总部决策功能被放大，事业部的经营灵活性被提升，业绩考核的对象得以明确，企业系统价值在分工整合之下得以放大提升。

（4）通用在20世纪初的组织管理危机在斯隆的事业部制独立核算的主张下得以化解，企业发展也得以再一次实现大跨越。作为一种现代企业组织形式，事业部制不仅突破了组织规模的限制，也突破了专业化的限制，通过独立核算激活人才，提升组织效率，管控运营成本，作为具有很强适应能力的事业部制独立核算值得在大中型民营企业推广。

三、子公司裂变

达利食品集团公布了 2018 年财报。截至 2018 年 12 月 31 日，达利食品集团营业额 208.64 亿元，同比上升 5.4%，毛利上升 8%，年度纯利约 37.17 亿元，上升 8.3%。

按业务分类，达利食品集团旗下食品与饮料部分的收入分别为 104.22 亿元、91.55 亿元，同比增长 4.5%、6.5%，实现毛利 80.1 亿元，同比增长 8.0%，食品与饮料部分的毛利分别为 37.6 亿元与 42.5 亿元，同比分别增长 7.2% 和 8.7%。自 1989 年创办至今，历经 30 余载飞速发展，达利食品集团已成长为收益过百亿，位列中国民营企业 500 强的综合性现代化食品企业集团。2015 年 11 月 20 日，集团于香港联交所主板挂牌上市（股份代号：3799.HK）。

达利食品集团根据行业特征，精心布局，在全国建立了 18 家子公司，共 30 个食品、饮料生产基地，1 个马铃薯全粉生产基地，1 家包装彩印公司，同时，集团构建享誉业界的黄金销售渠道，组成了覆盖全国的营销网络。

达利食品集团专注食品行业，形成食品、饮料两大支柱齐头并进的产业结构。以大平台、高密度、立体化的品牌推广模式，提升品牌形象，旗下"达利园"糕点、"好吃点"饼干、"可比克"薯片、"和其正"凉茶、"达利园"花生牛奶、"乐虎"功能饮料已成为各行业知名品牌。多产业多品牌的发展战略，使达利食品集团成为在食品和饮料行业都具有规模与实力的企业，被称作"中国雀巢"，且形成了庞大的产品矩阵。

2017 年，达利食品集团敏锐洞察到新的消费趋势，立足国人对健康营养的摄取需求，推出天然不添加的"豆本豆"豆奶，迅速引爆饮品市场，成为广受国民喜爱的营养饮品品牌。

2018 年中国富豪排行榜第 22 名，也是食品饮料行业的第 1 名，是许世辉家族,其背后的企业正是达利食品。

(1)一个品牌只代表一个品类。许世辉的策略是多品牌定位,不同的品类不同的品牌,选用不同的代言人,而且节奏感把握得特别好。主要是搞大一个品牌再投入另一个品类,重点突出,稳扎稳打。具体做法如下:

可比克薯片广告语:快乐每一刻,我的可比克。

达利园糕点烘焙广告语:团团圆圆达利园。

好吃点饼干广告语:好吃你就多吃点。

乐虎功能饮料广告语:提神抗疲劳,激发正能量。

达利园花生牛奶广告语:花生+牛奶,营养1+1。

豆本豆豆奶广告语:国民营养好豆奶。

(2)后发策略。达利食品集团从来不是市场的拓荒者,而是习惯作为跟随者挑战行业老大,瞄准时机"弯道超车"。达利食品集团选择在黄金时期进入市场,省去了市场培养的过程,针对目标企业的痛点去设计产品,保证成功率。在保证产品品质的情况下,用对标品牌一半的价格,实现产品从"贵族化"向"平民化"的过渡,做大蛋糕,主攻下沉市场,催生消费者的购买欲,形成规模效应。从1989年建厂,30年来坚持"多产业多品牌"发展战略的达利食品集团,每推一款产品必然是属于一个新的细分产业,而且这个细分产业必然具备百亿级以上的产业空间。

(3)产品力为王。达利食品集团建立了"链式"无缝监管机制,即供应商评估、原产地考察验证、原辅料入库检测、生产过程监控、成品检验检测、售后跟踪服务、召回制度,形成集团、公司、车间三级一体的品控机构,让产品没有后顾之忧,形成产品与品牌的有效联动。

达利食品集团持续投入20%的利润用于产品研发,通过技术引进和创新,在降低能耗的同时,不断提高产品品质。集团每年用于生产技术改进和工艺革新的资金占销售总额的3%以上,确保每一条新建的生产线实现自动化、智能化，以提高生产效率，减少用工。

凭借专业的产品品质和精准的市场定位，达利食品集团旗下的功能饮料乐虎实现了年复合增长率15%。豆本豆是2017年4月达利食品集团推出的纯豆奶产品，这个在一年之内就成长为销售额达10亿元以上的"大单品"，是达利食品集团的研发人员经过两年多的时间研发才推出的。凭借"国民营养好豆奶"的品牌定位以及"纯天然、不添加"的特点，面世伊始，豆本豆便得到了各方的青睐。

（4）低费用的商业模式。对于标准化、工业化的包装休闲零食领域，渠道强弱是市场获胜的关键，也是公司的底气。消费者在货架上看到产品的频率高，购买概率自然就大。在多年的实践和探索中，通过对特通渠道、餐饮渠道、传统渠道、现代零售渠道、电子商务渠道等经销和直营通路的构建和完善，使达利食品集团的销售能力持续上升。达利食品集团也积极拓展海外渠道，出口韩国、日本、菲律宾、马来西亚等国家，形成了稳定的营销网络。

有数据显示，达利食品集团有超过5178家经销商，超过12000名专职销售人员支持约350万个销售点，终端渠道占有率超过85%，覆盖全国所有省、市、自治区和大部分县，具有强大的渠道掌控力。在这个营销网络中，达利食品集团一直实施"以点带面"营销战略，从而取得全国市场的"节节开花"。在渠道为王的食品饮料行业，达利食品集团深入县乡一级的销售渠道，能够保证公司的产品一经推出便在最短时间内出现在消费者的面前。同时达利食品集团留给经销商的利润空间也相对较大，经销商的自觉性较好，从而使达利食品集团获得了竞争优势。根据三钱数据实验室收集的数据，达利食品集团产品的出厂价与零售价的比例为50%，而其他厂商基本都大于60%。在三、四线城市非常有限的货架上，达利食品集团以价格和渠道优势，很快占住货架，从而保证了实打实的市场占有率。

（5）母子公司裂变多体核算——低出厂价、低物流。从"产地销"到"销地产"，达利集团与娃哈哈、康统等其他巨头并无二致，在福建、四川、湖北、山东、吉林、甘肃、山西、云南等省建立了16大生产基地和18家分、子公司，自主生产，独立核算，形成覆盖全国的生产、销售体系。并且在强大的营销网络和高效率物流系统的支撑下，达利食品集团旗下的产品从生产规模、物流配送、市场营销到终端销售都拥有了高效、稳定的保障。

匹配"销地产"的布局策略，达利食品集团在营销渠道设置上，以遍布全国的生产基地为辐射中心，实施以"分公司带动区域营销"的布局策略。在这个营销网络中，达利食品集团一直实施"以点带面"营销策略，从而取得全国市场的占领。这些年来，达利食品集团在市场上已经完成了战略布局，以商超打形象，以流通走销量，不断拓展市场线，做通、做透每一级市场，这也是达利食品集团获得逆市增长的最大支撑点与推动力。

（6）达利食品集团母子公司裂变增长总结如下：

①食品领域切割休闲食品及饮料两大区域，通过多品牌多产业方式，专注品牌或品牌细分，占领消费者心智，聚焦传播。

②跟随市场策略，在市场容量可预估的情况下，降低试错成本，专注于产品品质，实现"弯道超车"。

③对经销商而言，是让厂家给予更高毛利，自己承受更多销售费用，还是让厂家打更多广告，而自己的毛利更低？结论是：经销商更愿意选择前者，先把高毛利拿到！这决定了渠道商更愿意推广及销售达利食品集团的产品。

④许世辉是品牌大王，是广告大王，同时也是建厂大王。根据2015年招股说明书，达利食品集团已经在全国各地建设了16个生产基地、32个食品及饮料加工厂，占领区域市场成本核算制高点，从而使每一家工厂都距离终端更近。

四、门店裂变

中国代理加盟市场过去几年的发展方向是"类直营"模式。在"类直营"模式之前的加盟市场,品牌商卖货给加盟商后,品牌商的销售流程即结束,业务流程表现为批发模式。加盟商除了承担店铺投资费用、货品采购费用外,还需要承担门店日常经营工作。这样做容易出现的问题,一是加盟店铺的零售运营、终端形象很难完全统一标准化,且存在地区间"窜货"问题;二是在消费疲软、产能过剩、产品供应同质化的背景下,该模式对加盟商的吸引力越来越弱,面临"招不到商"的窘境。

"类直营"模式的发展,则是让加盟商变成一个"财务投资者"。门店的投入由其负责,门店的实际运营则由品牌商负责,包括店员的聘用、管理等。这一模式意味着品牌商开始参与实际零售。

水果零售企业百果园对加盟店的股权结构设计则在"类自营"水果零售企业的基础上,更进了一步。让店长成为投资主体,实际相当于合伙人制度,加盟商员工化,员工加盟商化。

百果园是我国最大的水果零售企业,2016年在全国已开出1600多家门店,未来几年内计划以每年新增1000家店的速度扩展。快速成长的背后,离不开百果园对连锁模式的不断创新:从最早期的直营,把直营店承包出去变成加盟,再收回直营,经过股改变为合资,最终形成目前的"类直营"模式。

百果园连锁模式股权设计拥有四大创新:

(1)店长合伙人化。公司片区管理者持有单个门店股权的17%(单个门店相应投入17%的资金),店长占门店股权的80%,大区加盟商占单个门店股权的3%。门店选址由大区加盟商负责,门店法人为大区加盟商。随后,大区加盟商将门店经营权转让给店长。每年利润分配,百果园收取

30%，其余70%按门店股权结构分配。这样做的好处是，作为员工，店长实际成为门店的投资者，合伙人化了。百果园一方面能解决开店资金投入问题，另一方面由员工管理店铺，能实现自上而下的一致性运营。让员工成为门店主要投资者，能提高员工工作效率，降低门店运营成本。

（2）对加盟商（店长）的投资风险控制。百果园现行的加盟模式，最具吸引力之处是，如果加盟店出现了亏损，由百果园承担。为了减少加盟商的风险，还制定了一些政策：①百果园不收特许加盟费，其收益来自门店每年利润的30%分成。②不依靠商品差价收益，百果园从门店获得的利润分成占当年百果园总利润的80%左右。③设立分红基数，根据门店运营情况，每年都要对基数进行评定。④加盟店若亏损，亏损额由百果园承担；3年后，如果依然亏损，则评估是否闭店。

（3）合伙人培养计划。百果园对门店考核的要求，有一项是每家门店一年要为公司输出一名新店长（合伙人）人选。一般而言，成为店长的培训周期为8个月到1年，公司会根据实际情况看门店培养出的新店长是否符合要求，进而决定其能否投资管理新店铺。这意味着，通过现有的1600家门店基础，如执行到位，百果园每年门店数增幅可能翻番，直到市场饱和。

（4）股权退出机制设计。能力强、有更多零售经验的店长，需要更多的机会发挥他的作用，让他开拓新市场，承担更多"挑战"。但这些能力强的店长在原有门店能获得很好收益，一般情况下，都不太愿意让出原有门店的股份给新店长。因此，从制度设计上，要鼓励能力强的店长勇于"挑战"。

百果园为此设计了一套股权流动评估系统。这套系统会根据门店的经营价值，做一次性3倍补偿。比如，店长从一家门店获得的年分红收益是10万元，要让他放弃这家门店的股份去开拓新市场，就一次性补偿给他

30万元，相当于这家门店未来3年的收益。其对门店早前的资金投入则按原数返还。

"退出机制"实际相当于门店拓展"加速器"，让更优秀的员工冲到市场一线，提升门店拓展成功率。

五、事业部裂变

关于事业部的裂变，典型案例就是电商企业韩都衣舍。

韩都衣舍初步建立起7个大平台，以支撑300个左右的前端小组运行，低成本快速试错。韩都衣舍在前端有300个左右的产品小组，而在中后台则建立起7个支撑体系。在日常运作中，产品小组将得到7个支撑体系的赋能。韩都衣舍一方面保持前端团队规模的小型化和灵活性，更好地匹配市场需求并进行创新；另一方面，也通过后台赋能平台去有效地保证每一条业务线的高效运转，为试错和规模化提供可能性。通过这样的组织形式，韩都衣舍能以较低成本实现快速试错，实现了年上新品超过30000款，最大程度地满足用户对服装的快速多变的需求。（在韩都衣舍之前，业界领先公司年上新品的最高纪录是22000款。）

1. 韩都衣舍模式分析：大平台＋产品小组

（1）数据核算倒逼管控体系。用售罄率倒逼各个链条做到单款生命周期管理。所谓单品运营，就是以单款来考虑的，这一款衣服从设计到销售，全部有数据把控。单款产品的运营模式，把每款产品赋予生命周期，由专人精心维护，平均下来，每个月每个小组管理七八款衣服，每款给什么位置，做什么搭配，冲击爆款能到什么程度，库存水平到什么状态时需要打折，长期练下来，自然得心应手。根据历史数据，在年初的时候，再参考年度的波峰波谷节奏制定目标，然后分解到各个小组。每个小组，在月度、季度、年度，都有细分的考核指标。企划部相当于韩都衣舍的发改委和数据中心，并且协调各小组之间的竞争。

（2）快速反应的柔性供应链体系。韩都衣舍对自身"快时尚"品牌的定位亦得益于"快速反应的供应链"。"快速反应的柔性供应链体系"使营销企划、产品企划和生产企划相互配合，给产品小组提供全方位的决策依据，解决互联网品牌"款式更多，更新更快，性价比更高"的要求与生产供应链的"流水线计划生产"之间的矛盾。在保证产品品质和生产成本可控的前提下，实现"多款多批次小批量生产"的供应体系。"多款少量，以销定产"的供应链，帮助韩都衣舍形成了"款式多，更新快，性价比高"的竞争优势。

（3）IT信息技术系统。韩都衣舍作为一家电商企业，坚持按照完整的软件公司架构组建韩都衣舍信息中心，投入大量资源与人力。3年时间，韩都衣舍IT部门陆续研发上线十几个完整适配韩都衣舍发展的业务系统，其中像OMS、WMS等在国内同行业里处于领先水平。目前韩都衣舍的IT系统已经成为一个容器，来支撑着企业的供应链、客服及其他的运营系统。

2. 产品小组制

以产品小组为核心的单品全程运营体系。每款产品从设计、生产到销售，都以产品小组为核心，各产品小组独立运营，独立核算，拥有90%以上的决定权，而企划、摄影、生产、营销、库存、物流等业务部门只负责相关的配合工作。

一个小组就三个人，一个设计师管产品研发（选款式），一个页面制作专员管销售，一个货品管理专员管库存和采购。实际上就是把产品研发、销售管理和采购这三个核心部门的人打散，另组成业务小组。这样的小组已经超过300个。这些产品小组负责所有非标准化的战略，所有标准的环节由集团平台来负责和集成。

3. 产品小组——"责权利"对等

（1）责任。韩都衣舍每年都会给各小组制定销售任务、库存周转的毛利率等。

（2）权利。小组可以决定自己的款式、库存深度、商品售价，以及打折的节奏，还可自主决定参加哪些活动。

（3）利益。根据公式：奖金＝销售额×毛利率×提成系数，各小组每天都能算出自己大概会赚多少钱。这里小组的利润和奖金并不是由公司发放的，而是成员自己干出来的，自己计算出来的。

4. 产品小组——人才自由裂变

要想支撑业务快速发展，首先就要培养出庞大、优质的人才队伍。韩都大学坚守"阳光快乐、积极成长"的基调，以"快乐"的培训设计与实施，"积极"的内训师培养机制，"成长"中的小组制，为韩都衣舍培养出了大批菁英，助力集团稳健前行。

作为用户导向的自主经营体，韩都衣舍发现自上而下的传统管理模式对员工和企业来说均已不适用。因此，韩都衣舍实行"战术、战略分离"的"倒金字塔"运作机制。位于最上方的是韩都衣舍的市场用户，由产品小组根据用户需求决定资源分配和运营，集团将所有战术决定权下放给对客户负责的产品小组，给予员工最大的权利。最下层才是管理者，由管理者制定战略，决定"未来的路要怎么走"，做出公司发展方向、业务板块新增等相关决策，负责发现新的市场机会并提供资源。

（1）彻底放权。三人产品小组既是韩都衣舍权责里的最小独立经营体，也是最小考核体，每小组由设计师、页面制作专员和货品管理专员三名成员构成。韩都衣舍将与产品相关的所有决定权下放到三人小组中，包括款式、定价、折扣等，只对小组最终的销售、毛利、库存等维度进行结果考核。

（2）裂变掌门人。师带徒。当设计师培养出的新人可以独立出新的产品小组之后，在接下来的一年中，新小组会向原小组提供其销售额的10%作为带教酬劳。把两个小组打造成利益共同体，一方面可以解决带教意愿的问题，另一方面为小组间的良性竞争和协作创造氛围，为小组裂变创造可能。

设计师晋升机制。韩都衣舍内部设计师有初级、中级和高级之分，设计师在晋升前，需要学习相应的必修课程。韩都大学会给不同品牌、不同层级的设计师匹配具体的课程资源。设计师完成所有进阶培训，在对品牌特性产生良好的认知后，可以通过韩都衣舍内部的创业大赛，转型为品牌的掌门人和创始人。设计师的设计立项并审批通过后，可以成立自己的品牌，在韩都衣舍实现自己的创业梦。

韩都大学的模块化培训。成立韩都大学，重塑了整个培训模块，将其划分为资源支持、产品研发和品牌BD三个板块。这个调整，使得韩都大学对内服务的品质更好，也能及时把握外部最新培训理念，激发年轻员工的学习热情，第一时间传递外部前沿信息和技术。

（3）自由裂变。在制度设计上一个小组是三个人，但实践中允许一人小组的存在。为什么？就是为了它裂变。比如有些人干了一段时间之后，如果自己想当组长，那就分出去，先一个人干所有活，然后再选人组队。

5. 韩都衣舍小组制总结

（1）创建互联网服装时尚的快品牌。依托于互联网平台，锁定用户终身价值，通过倒逼的方式，建立"扁平化平台＋产品小组"模式。以产品小组为核心建立单品全程运营体系，实现了由外至内快速响应需求的产生，由内至外快速满足需求。

（2）数据分解形成有效的激励和管控。数据分解是实现单品全程运营的数据链，通过市场倒逼的方式，提高了产品订单单款数量的准确度，通过售罄率等指标持续管控保障运营效率，降低运营成本。

（3）独立核算贯穿经营始终。以核算作为衡量员工贡献的重要指标，培养员工的目标意识，通过放权于产品小组，结合核算体制上的利益分配模式，大大激励了小组的活力和创造力，从而增强了企业在市场中的竞争力。

（4）平台资源共享模式。玩转企业架构的金字塔结构，整合组织资源，转变部门职能，在共享经济中实现命运共同体。

6. 小组是一台发动机

通过自主经营体系，培养了大批具有经营思维的产品开发和运营人员，实现了小个体与大批量的完美结合。形象来讲，产品小组制就是推动着韩都衣舍这个巨轮向前发展的发动机。

归根结底，企业的一切问题都是增长问题。

（1）密集增长，主要包括：

①市场渗透。在现有市场扩大现金流业务产品销售，改进传播途径和建设或借用其他渠道，将同一产品送达同一市场。

②市场开发。新地区增设新商业网点或用新分销渠道，加强传播促销，扩大现有明星类产品结构化增长式的销售。

③产品开发。通过增加花色、品种、规格、型号等，向现有市场提供新产品或改进产品，实现问号类战略化增长式的销售。

（2）一体化增长，主要包括：

①前向一体化。企业通过收购或兼并若干商业企业，或拥有和控制其分销系统，实现产销一体化。

②后向一体化。企业通过收购或兼并若干原材料供应商，或拥有和控制其他供应系统，实现供产一体化。

第九章 合作裂变

一、资源互换

在企业发展过程中，为了弥补自己的不足，总需要从外部获得一些资源。这种资源的获得又可以表现为两种形式，即花钱购买和资源互换。在多数情况下，资源互换更容易被各方所接受。同样，在此基础上建立起来的关系也比金钱交易更牢固。

这种资源互换的模式，已经被各大公司纷纷采用，甚至在此基础上形成了错综复杂的战略合作关系。比如钢厂、油气公司和重卡企业之间，就存在着资源互换、互为供应商的关系。他们之间的合作已经可以拓展到信息共享、共同研发、技术交流、管理交流、联合营销等更多领域。

资源互换主要分为五个方面：利率互换、货币互换、商品互换、股权互换和其他互换。

1. 利率互换

利率互换是指双方同意在未来的一定期限内根据同种货币的同样名义本金交换现金流，一方的现金流根据浮动利率计算出来，另一方的现金流根据固定利率计算。利率互换发生的前提条件是：品质加码差异和相反的筹资意向。

2. 货币互换

货币互换（又称货币掉期）是指两笔金额相同、期限相同、计算利率方法相同但货币不同的债务资金之间的调换，同时也进行不同利息额的货币调换。这种方式不仅可以降低筹资成本，还可以满足双方意愿，规避汇率风险。

3. 商品互换

商品互换是一种特殊类型的金融交易，交易双方为了管理商品价格风险，同意交换与商品价格有关的现金流。它包括固定价格及浮动价格的商品价格互换和商品价格与利率的互换。

4. 股权互换

简单来说就是 A 发行股票，和 B 公司交换持股，结果是 B 拥有 A 的股份，A 拥有 B 的股份。通常，股权置换不会涉及控股权的变更。关于股权置换的方式，实践中共有三种：股权之间置换、股权置换＋资产、股权置换＋现金。股权置换的优点是与战略伙伴实现利益共联。

5. 其他互换

除了上面的几种方式之外，还有律师资源互换、信用互换、客户资源互换、人才资源互换和期权互换等。

谈到资源互换，还涉及一个重要问题，就是如何确定各自资源的价值，是否需要引入"等价交换"原则。从终极意义上讲，任何交易行为都应当遵循等价交换的原则。如果互换双方的资源有较为明确的市场行情，就可以按照市场价格结算，进行货款冲抵；如果各自的资源都没有明确的行情，彼此就需要通过协商约定。

二、加盟合作

加盟就是该企业组织或者加盟连锁总公司与加盟店二者之间的持续契约关系。根据契约，必须提供一项独特的商业特权，并加上人员培训、组织结构、经营管理、商品供销方面的无条件协助，而加盟店也需付出相对的报偿。

案例：名创优品5年3000家门店合伙式加盟路径。

2015年，波司登关店5053家，达芙妮关店805家，联华超市关店612家。2016年，华润万家关店68家，GAP中国关店50家。2017年，都市丽人关店362家，达芙妮关店1009家，美特斯邦威3年间关店1500家。

然而在关店潮中，一家叫作名创优品的十元店却逆势崛起：2013年，开店27家。2014年，开店373家。2015年，开店1075家。

2018年，名创优品全球门店超过3000家，海外门店超过1000家，遍布除南极洲之外的全球六大洲。

名创优品快速崛起的逻辑是什么？

1. 精准的战略定位

（1）战略定位：高性价比的小百货精选超市。

（2）实体零售行业一波接一波的关店潮，与来自电商的冲击有很大关系。

（3）电商并没有冲击所有行业，而是冲击了实体零售行业，尤其是"提袋消费"的经济模式，也就是从商场内购买衣服、生活用品、家电等"打包"回家的商品。

（4）电商对"提袋消费"形成的冲击，主要是因为互联网大大缩减了中间环节，获得了明显的效率优势。

（5）强势的背后是弱点。电商带来高效率的同时，也带来用户体验的缺失。对电商来说，购买中的消费者通常抱着极强的目的性"速战速决"。而在购买后，消费者需要等待才能拿到商品，短则一两天，长则一个星期，不能马上体验产品效果。

（6）在线下通过与产品、品牌直接接触，消费者可以获得即时体验，可能因享受其中的购买过程而流连忘返，由此产生的随机购买行为就比线上要多得多。

2. 战略配称：实现"高性价比"

"高性价比"战术并不新鲜。零售业的沃尔玛、好市多、7-11，服装业的ZARA、H&M、优衣库，以及戴尔电脑、西南航空、宜家……大批知名企业都是通过奉行"高性价比"战术崛起的。关键是如何提高"性价比"，并且长期支撑这种"性价比"。这背后通常都是"成本领先战略"。

比如增加装修成本，降低人力成本。

店面开在流量高地，如果不能把流量转化为消费者的进店率，高昂的租金就全是成本，不是投资。而要提高进店率，就要让消费者有逛店的欲望，因此名创优品的装修风格，整体是比较豪华的，一家200平方米左右的店铺，装修费就高达40万元人民币。

战略就是取舍。装修成本增加了，从哪里缩减成本呢？服务。很多导购式的实体店，人力成本占到销售额的10%，而名创优品不设导购，不设推销员，店员只做三件事情：打扫、理货、防盗，从而降低了人力成本。

降低人力成本还不是最关键的。最关键的是，撤销导购、推销员后，没有人跟在消费者的屁股后面喋喋不休地各种提问、各种介绍，也没有了令人不自在的扫视的目光，从而营造了轻松的购物氛围，让消费者在店内逗留更长时间体验产品，最后在不知不觉中买了很多。

3. 选品：精简 SKU，快速上新

在选品上，名创优品优先选择诸如化妆品、香水、太阳镜、眼线笔一类的暴利产品，然后把价格从天花板打到地板上，从而建立"高性价比"的认知。比如欧莱雅的一支眼线笔要 100 元钱，而名创优品与欧莱雅的供应商合作，推出质量差不多的眼线笔，价格却只有 10 元钱，引发了消费者的疯抢。

另一方面，作为小百货精选超市，名创优品力求每一款产品都是"刚需品+爆款"，从而将 SKU（"Stak Keeping Unit"的简称，即库进出计量的单位）保持在 3000 左右。SKU 精简的好处，一是提升产品体验，二是消费者不用比来比去挑产品，从而降低了消费者的选择成本。

在精简 SKU 的同时，名创优品平均每周保持 2—3 款新品上架。客户这次来逛，发现一个既便宜又实惠的新品没见过，下次来逛，又发现一个新品没见过，这样就给客户带来源源不断的新鲜感，从而提高了消费者的复购率。

4. 合伙式加盟

2015 年正是名创优品扩张最快的时候，仅一年这家号称总部位于日本东京的"外国品牌"在中国内地开设了 1075 家店面。150 平方米的店，加盟费包括 15 万元的"特许商标使用金"（可使用 3 年）、交给名创优品总部的 75 万元"货品保证金"、45 万元的店铺装修（约 3000 元/平方米）、剩下的是租金及其他成本。之后，名创优品公司会统一安排装修，装修费按 2800 元/平方米预收，200 平方米的店铺整体投资预算为 180 万—200 万元。

至于店铺每月营业额预计能达到多少，目前名创优品全国的平均水平为每个月营业额 50 万 –60 万元，"做得一般的"在 30 万—40 万元。

与普通的加盟模式不同，名创优品采用的是"联营"模式，即"LP"（Limited Partner，有限合伙人）模式。在完成选址之后，加盟商无须承担

任何运营的事情：统一装修，统一供货，店员由名创优品统一培训，甚至店员工资、社保都由名创优品代发、代缴。

而店铺的营收分配政策为：每天总营收额中的62%归名创优品所有，剩余38%（实品为33%）才是加盟商的收入，在第二天由名创优品转入加盟商账户；货品由名创优品免费提供，但货品物流费用、店铺租金、人工、电费、工商及税收等杂费，由加盟商自理。

"让你享受当老板的感觉"，这也是名创优品的一个宣传点。加盟名创优品更像是一种投资，即投资人只要出钱就行，不用操心店铺的日常经营，一切由店长代劳。

除了联营店，名创优品还有一小部分直营店，一般开在城市的核心地段，比如在一些加盟商看来"有钱都不一定能进驻的商场"。名创优品投入最多的是开直营店，300家直营店的投资接近10亿元。

5. 产品即营销，用户即渠道

曾经有个名创优品的代理商因为和女朋友对赌，想自己出钱在香港开一家店。香港寸土寸金，一个月租金30多万，按名创优品当时在国内的表现，去香港肯定亏损，但在香港开的名创优品第一个月业绩就达到了300多万。在零售行业，房租成本直接影响利润，只要房租不高于业绩的15%就稳赚不赔。当时房租只占了业绩的10%，非常赚钱。后来才发现，因为香港是一个国际化大都市，其中很多销量是外国友人带动的。

名创优品在香港1年开了20家店，然后逐渐走向国外，如今名创优品在全球范围内已经是知名度比较高的品牌，拓展到了170多个国家。

走出去之后，名创优品发现国内外的市场环境真的不一样。同样300万元开一家店，在大陆平均一年赚96万元，在国外平均一年赚172万元，因为中国除了人工便宜，其他都比国外贵。而且国外商业的新旧更迭特别慢，欧美、东南亚很多商场的商铺品牌可能10年都不变，之所以高速发展，关键在于产品和营销。

6. 产品即营销

名创优品在产品上做到了极致。同样的产品，价格绝对比你低，同样的价格，品质绝对比你好。所有产品找的都是头部的工厂，香水是香奈儿的工厂奇华顿，眼线笔是迪奥的工厂莹特丽，洗衣液都是蓝月亮的工厂。

大家都觉得小米的充电宝很牛，定价69元，同样的工厂名创优品定价49元。在产品价格上，名创优品取得了压倒性的优势，名创优品的特点就是，用户不用思考名创优品的东西是不是卖贵了。

名创优品牢牢锁定200家供应商，把他们带到全球去培养。供应商是靠稳定的订单赚钱的，名创优品的订单占很多工厂的1/3以上，基本上供应商都会听话。

产品就是营销，如果想让产品自然销售，就得把促销的费用投入产品里去，让价格成为产品的一部分。

7. 用户即渠道

用户即媒体，用户即渠道。如果一个产品不能让用户发朋友圈，那绝对不是好产品。很多人质疑名创优品做某些产品是在亏钱。确实，名创优品不是所有品类都赚钱，但亏钱的那部分保证会让用户尖叫，并且发朋友圈。

名创优品的购物袋也是一个特色。几乎任何一家商场里都会有人拎着名创优品的购物袋在购物，一年发出去5亿个购物袋，就有了5亿个移动广告。

三、业务外包

业务外包是近几年发展起来的一种新的经营策略，即企业把内部业务的部分承包给外部专门机构。其实质是企业重新定位，重新配置企业的各种资源，将资源集中于最能反映企业相对优势的领域的核心业务，构筑自己的竞争优势，获得使企业持续发展的能力。

实施业务外包，可以将非核心业务转移出去，借助外部资源的优势来弥补和改善自己的弱势，从而把主要精力放在企业的核心业务上。根据自身特点，专门从事某一领域、某一专门业务，从而形成自己的核心竞争力。

根据不同的标准，可以将业务外包划分为以下不同种类：

1. 根据业务活动的完整性

根据业务活动的完整性，可以将业务外包分为部分外包和整体外包。

（1）部分外包，指的是企业根据需要将业务各组成部分，分别外包给该领域的优秀的服务供应商，比如人力资源部分外包，根据需要将劳资关系、员工聘用、培训和解聘等分别外包给不同的外部供应商。通常，部分外包的主要是与核心业务无关的辅助性活动，如临时性服务等。当企业的业务量突然增大，现有流程和资源不能完全满足业务的快速扩张需要时，可以通过部分外包，利用外部资源，获得规模经济优势，提高工作效率，尽快解决企业业务活动的弹性需求。

（2）整体外包，指的是企业将业务的所有流程，从计划、安排、执行以及业务分析全部外包，由外部供应商管理整个业务流程，并根据企业的需要进行调整。采用这种外包模式，企业必须与承包商签订合同。合同的内容应包括产品质量、交货期、技术变动，以及相关设备性能指标的要求。

2. 根据业务职能

根据业务职能，可以将业务外包划分为生产外包、销售外包、供应外包、人力资源外包、信息技术服务外包，以及研发外包。业务外包理论上强调企业专注于自己的核心能力部分，如果某一业务职能不是市场上最有效率的，并且该业务职能又不是企业的核心能力，就应该把它外包给外部效率更高的专业化厂商去做。根据核心能力观点，企业应集中有限资源强化其核心业务，对于其他非核心职能部门则应该实行外购或外包。

3. 根据合作伙伴间的组织形式

根据合作伙伴间的组织形式，可以将业务外包分为有中介的外包和无中介的外包。

（1）有中介的外包模式中，厂商和外包供应商并不直接接触，双方与中介服务组织签订契约，由中介服务机构去匹配交易信息，中介组织通过收取佣金获利，可以大大降低厂商和外包供应商的搜索成本，提高交易效率。

（2）无中介的外包模式中，厂商和外包供应商可以借助互联网进行。比如美国 CISCO 公司将 80% 的产品生产和配送业务通过其"生产在线"网站实行外包，获得 CISCO 授权的供应商可以进入 CISCO 数据库，得到承包供货的相关信息。

四、跨界合作

跨界是一种营销方式。跨界合作对于品牌的最大益处是让原本毫不相干的元素相互渗透、相互融合，给品牌一种立体感和纵深感。

2018 年"愚人节"当天，网易云音乐和亚朵酒店玩了票大的——"睡音乐"主题酒店正式开业。网易云音乐把乐评搬进了酒店，玩起集文艺、温暖、趣味于一体的音乐营销。"睡音乐"酒店融入了网易云音乐的两大核心元素——听歌+乐评。入住酒店不仅能够获得片刻停歇，还可以通过读乐评故事和听音乐感受一场独特的视听盛宴。

一直以来，网易云音乐 APP 留言区因为集合众多有共鸣的乐评，越来越多的年轻人因为网易云音乐有温度和共鸣性而喜欢上这个音乐软件。数据显示，"90 后"和"00 后"的年轻人群体已经成为这个软件的主流人群，这意味着网易云音乐是年轻人听音乐的标配。

结合音乐和睡眠的话题分析，听音乐可以帮助人们缓解压力，实现心情上的放松，而睡觉也是让身体进行休息放松的一种方式，"放松"的体验成为两者的契合点。在年轻人的日常生活中，睡觉前听音乐也是一个非常普遍的习惯，将音乐引进酒店也是满足用户情感需求的做法。因此，音乐和睡眠之间有着与生俱来的紧密联系。

通过跨界合作，将网易云音乐和亚朵酒店的消费场景打通，以线上连接线下，建立互相之间的品牌联想，让音乐真正渗透到广大用户的生活当中，有利于营造"沉浸式"的用户场景。

根据不同行业、不同产品、不同偏好的消费者之间所拥有的共性和联系，把一些原本毫不相干的元素进行融合，使之互相渗透，就能彰显一种新锐的生活态度与审美方式，并赢得目标消费者的好感。

从表面上来看，跨界营销是通过旧元素新组合带来的创意营销，其实也脱离不开创意营销的本质，即"解决问题更好、更高效的方式"。

五、组织裂变

模式一：新项目小组或新事业部

成立新项目小组或新事业部是传统企业最典型的内部创业形式。项目小组和新事业部各司其职，分别担负不同的职责。项目小组负责完成具体的任务，而事业部则以独立的部门形式存在，为公司的各个部门提供服务，从而实现公司的快速发展。

腾讯公司成立的项目小组研发出微信这一社交软件，拯救了处在悬崖边上的腾讯。2010年，腾讯推出微信这一新项目，在内部实行赛马机制，让三支团队同时着手研发同一项目，通过竞争，筛选出最优的队伍。最终，由来自广州研发部QQ邮箱团队的成员张小龙带领的团队胜出。

在微信发展成熟之后，腾讯又进行了内部调整，将微信产品中心与邮箱产品中心分开，然后又重点发展微信，专门成立事业群组。

模式二：创业孵化器

创业孵化器（Incubator）是为创业企业或内部创业提供办公场地、设备，或者提供意见和资金，帮助其快速发展的一种创业模式。随着时代的发展，越来越多的企业开始引入创业孵化器。世界500强企业，如P&G、IBM、Walgreens和Hershey's等，也都开展了企业内部孵化器项目。

松下创业基金更是应用创业孵化器的典型。松下给予公司内部员工充分的表达权和自由支配的时间，允许他们为公司的发展建言献策，公司在经过面试、筛选、培训和考察之后，选择最优的商业计划并实施。

同时为了鼓励员工创业，松下还提供资金支持。创业者初期出资比例可以低于30%，日后可从松下公司回购股份。此外，松下还为创业失败的员工留有职位，只要他们在5年之内回到公司即可。

壳牌公司也在积极实施创业孵化器项目，用以弥补内部研发的不足。其中壳牌公司负责25%的孵化器项目，其余来自外部企业或大学实验室，但壳牌公司会经过严格的审查，筛选出与公司的发展规划相一致的商业计划。

作为中国的老牌企业，电信公司也建设了创业孵化器项目。2012年，中国电信开放了天翼平台，进军移动互联网、云计算等新兴业务，通过不断地创新、研发新项目，为用户提供满意的服务。

产业孵化器作为一种新的创业模式，为企业注入了源源不断的活力。

模式三：衍生裂变创业

衍生裂变创业作为内部创业的一种模式，同样是在现有企业的基础上，让内部员工去研发新项目。比如国内的"联想系""华为系"，美国硅谷的"硅谷族谱"等，都是在原有企业内部衍生裂变而成的，有的甚至发展成"企业家族"。

由衍生裂变而来的创业企业往往会与母公司发生千丝万缕的联系，如在资源、业务等方面，作为产业链的上游，为大型企业服务。比如华为公司内部衍生裂变出的企业，最终都成了它的合作伙伴。

由于衍生裂变的创业方式所承担的风险较小，不同于独立创业，母公司可以为其提供必要的资金、业务支持，即使创业失败，这些员工还可以回到原来的公司继续上班。衍生裂变创业一方面可以规避母公司的体制弊端对其造成的束缚，另一方面，由于母公司的支持，衍生裂变创业避免了创业失败的风险，这种创业模式既可以源源不断地为传统企业注入活力，促使其不断地发展进步，又可以充分发挥人才的主观能动性，挖掘个人潜力，留住人才。

但是，衍生裂变的创业方式也有弊端。如果大企业不实时控制衍生裂变企业，则有可能受到新兴企业的威胁，动摇其领先地位。这种风险在被动衍生创业中更为常见。华为公司就经历了被新兴企业冲击的局面。为了公司的长远发展，华为鼓励员工进行内部创业，李一男带领研发和销售人员创立港湾网络，后来成为华为公司强有力的竞争对手。直至2006年，港湾网络被华为收购，这场市场争夺战才结束。如表9-1所示为推出内部创业计划的部分中国企业列表。

表 9-1 推出内部创业计划的部分中国企业

内部创业发起者	推出时间	简介
华为	2000年	出台《关于鼓励员工内部创业的管理办法》，提供设备等支持以及优惠的持股政策。
芬尼克兹	2007年	在公司主营业务的产业链上寻找机会，鼓励得力干将担当创始人，形成"裂变式"内部创业。
巨人网络	2009年	"赢在巨人"计划——提供资金、技术、团队支持，实现对潜力游戏项目的孵化。
去哪儿网	2012年	全面推出内部创业体系，以期权池和业务升级为激励机制，鼓励形成内部创业公司群。
中国电信	2012年	成立"天翼科技创业投资有限公司"，培育创新公司。
阿里巴巴	2013年	组织扁平化，分拆成立25个项目导向的事业部。
搜狐	2013年	"悬崖计划"——推动内部项目的创业孵化工程。

裂变式创业一方面让人才在组织里有了新的成长空间，另一方面也让他们围绕企业的产业链形成了一个个小的生态，彼此也可以相互赋能、资源叠加和共享。

附录　裂变式增长线下课程

老板的一切痛苦都是源于没有增长，万物皆由渐变到裂变。找到自己的裂变节奏，相信增长的力量；颠覆自己，打破常规，完成从一个维度到多个维度。

当下商业时代的中小企业，为什么生意越来越难做？

（1）成本越来越高，指数上升难下降！

（2）收益越来越薄，业绩乏力负增长！

（3）人才越来越少，招聘不来留不住！

（4）竞争越来越多，跨界发展太艰难！

在一个越来越不确定的商业时代，没有一种模式是永恒的，没有一种资产是稳定的，没有一种策略是持续有效的。

企业一切问题的根源都是增长出了问题！

格勤教育助您掌握企业增长的核心命脉，帮您厘清这个时代的增长逻辑，规划您的增长路径。

一、三大增长

助您建立增长根基，打造增长引擎，引爆增长机会。

裂变战略：解决企业裂变思维问题，建立企业增长根基！

（1）只有寻找差异化，让产品产生区隔，才能快速抢占用户心智。

（2）只有构建可以被重复消费的产品链，做大入口，增加利润，才能锁定客户。

（3）只有设计低成本、轻资产、类金融的商业模式,才能实现企业无条件增长。

（4）只有改变企业的架构,扩大空间,设计合伙人机制,才能让优秀的人才看见希望。

（4）只有改变企业机制,建立薪酬、绩效、晋升制度,才能让员工为老板干,转向为自己干。

（6）只有构建文化,才能经营员工的精神世界。

（7）只有构建起从0—1,从1—N、N—无穷大的价值体系,才能吸引顾客主动购买。

（8）只有将顾客变成投资者、经营者、推广者,才能让顾客自动裂变。

（9）只有构建起高、强、深的营销系统,才能让客户持续购买。

二、九大策略

助您找到增长的路径,多维度掌握增长的核心。

（1）战略定位、产品设计、增长设计。

（2）架构引领、机制驱动、文化牵引。

（3）惊喜感、强增长、换身份。

三、27个增长点

助您将增长路径链接到具体操作方法,拿来就用,让您的学习转化率更强,更有实战姓。